Le meilleur des Gâteaux

Photographie de couverture : © Amélie Roche, stylisme de Manuela Chantepie
Photographies de quatrième de couverture : © Aline Princet, stylisme de Motoko Okuno

Les 75 recettes de cet ouvrage ont déjà été publiées dans des ouvrages de la collection « Toquades », © Éditions First : *Abracadabra, gâteaux magiques !* (2015), *Cookies, muffins & Co* (2012), *Les Meilleurs Desserts d'antan* (2014), *Oh mon gâteau !* (2010)

ISBN : 978-2-7540-7635-7
Dépôt légal : septembre 2015
Imprimé en France par Pollina - L73506
Direction éditoriale : Aurélie Starckmann
Maquette : Istria
Conception graphique : Stéphanie Martel

Éditions First, un département d'Édi8
12, avenue d'Italie
75013 Paris – France
E-mail : firstinfo@efirst.com
Site internet : www.editionsfirst.fr

Le meilleur des Gâteaux

Pour 6 personnes
Préparation : 10 min
Cuisson : 35 min
Difficulté : *
Coût : bon marché

1 petite casserole
1 saladier
1 fouet
1 moule à cake

4 œufs
200 g de sucre
200 g de farine
200 g de beurre
1 pincée de sel
1 c. à c. de levure chimique
beurre - farine pour le moule

QUATRE-QUARTS

❶ Préchauffez le four à 160 °C (th. 5-6). Faites fondre le beurre.

❷ Dans un saladier, battez les œufs avec le sucre, ajoutez la farine, le sel et la levure. Incorporez ensuite le beurre fondu.

❸ Beurrez et farinez le moule à cake. Versez la pâte. Faites cuire au four pendant 35 minutes environ. Vérifiez la cuisson avec la lame d'un couteau, elle doit ressortir sèche. Démoulez immédiatement. Laissez refroidir avant de déguster.

Pour 6 personnes
Préparation : 10 min
Cuisson : 25 min
Difficulté : *
Coût : bon marché

2 saladiers
1 fouet
1 moule à gâteau
papier sulfurisé

200 g de chocolat noir
150 g de beurre
120 g de sucre
3 œufs
60 g de farine
60 g de noix pécan

BROWNIE

❶ Préchauffez le four à 180 °C (th. 6). Faites fondre le chocolat au bain-marie (ou au micro-ondes) avec le beurre, mélangez.

❷ Dans un saladier, battez les œufs avec le sucre, ajoutez le mélange beurre/chocolat, puis incorporez la farine et les noix pécan hachées.

❸ Disposez un papier sulfurisé dans le moule, versez la pâte à brownie. Faites cuire au four pendant 25 minutes environ. Laissez refroidir avant de démouler.

Pour 6 personnes
Préparation : 15 min
Cuisson : 40 min
Difficulté : * *
Coût : bon marché

1 saladier
1 fouet
1 moule à cake

3 œufs
1 yaourt
3 pots (de yaourt) de farine
2 pots de sucre
1/2 pot d'huile
1/2 paquet de levure
beurre - farine pour le moule

GÂTEAU AU YAOURT

❶ Préchauffez le four à 160 °C (th. 5-6). Dans un saladier, battez le yaourt avec les œufs et le sucre, puis la farine, la levure et l'huile.

❷ Beurrez et farinez le moule à cake.

❸ Versez la pâte dans le moule. Faites cuire au four pendant 40 minutes environ.

❹ Vérifiez la cuisson avec la lame d'un couteau, elle doit ressortir sèche.

VARIANTE

Remplacez la moitié de la farine par de la farine de blé noir (ou sarrasin).

TRUC DE PÂTISSIER

Imbibez le gâteau avec un peu de sirop de citron dilué afin de ne pas avoir une croûte sèche.

CHEESECAKE

Pour 6 personnes
Préparation : 15 min
Cuisson : 50 min
Réfrigération : 2 h
Difficulté : * *
Coût : bon marché

1 saladier
1 bol
1 fouet
1 zesteur
1 moule à bord haut (5 cm)

1 pâte à tarte sucrée
500 g de fromage Philadelphia
3 œufs
100 g de sucre
20 g de fécule de maïs
1 orange bio
1 citron bio

❶ Placez la pâte à tarte sucrée dans le moule. Faites-la précuire au four à 160 °C (th. 5-6) pendant 15 minutes environ. Prélevez les zestes de l'orange et du citron.

❷ Dans un saladier, fouettez le fromage avec le sucre pendant 4 à 5 minutes de manière à obtenir un mélange bien lisse. Dans un bol, cassez les œufs puis battez-les. Incorporez-les au mélange précédent. Ajoutez la fécule ainsi que les zestes.

❸ Versez le tout par-dessus la pâte. Faites cuire au four à 160 °C pendant 35 minutes environ. Laissez reposer au réfrigérateur pendant 2 heures avant de déguster.

GÂTEAU AU FROMAGE BLANC

Pour 6 personnes
Préparation : 10 min
Cuisson : 40 min
Difficulté : * *
Coût : bon marché

2 saladiers
1 fouet
1 zesteur
1 batteur électrique
1 grand moule en silicone

350 g de fromage blanc
10 cl de crème liquide
4 œufs - 100 g de sucre
50 g de farine
40 g de fécule de maïs
1 pincée de sel
1 citron bio
125 g de framboises

❶ Prélevez les zestes du citron. Préchauffez le four à 160 °C (th. 5-6). Séparez les blancs des jaunes d'œufs. Dans un saladier, battez les jaunes avec le sucre, ajoutez la farine et la fécule, les zestes du citron, puis le fromage blanc et la crème liquide.

❷ Montez les blancs d'œufs en neige avec la pincée de sel, puis incorporez-les délicatement au mélange précédent. Ajoutez ensuite les framboises.

❸ Versez la préparation dans le moule en silicone, enfournez pour 40 minutes environ.

❹ Si vous ne disposez pas d'un moule en silicone, vous pouvez utiliser un moule traditionnel en le beurrant et en le farinant.

Pour 6 personnes
Préparation : 15 min
Cuisson : 30 min
Difficulté : * *
Coût : bon marché

1 casserole
1 saladier
1 fouet
1 fourchette
1 moule à tarte à bord haut

1 pâte feuilletée
50 cl de lait
1 gousse de vanille
100 g de sucre
2 œufs + 4 jaunes
50 g de fécule de maïs

FLAN PÂTISSIER

❶ Placez la pâte feuilletée au fond du moule. Piquez-la à l'aide d'une fourchette. Préchauffez le four à 180 °C (th. 6).

❷ Portez le lait à ébullition avec la gousse de vanille fendue en 2 et grattée. Laissez infuser 5 minutes, puis retirez la gousse de vanille.

❸ Dans un saladier, battez les œufs et les jaunes avec le sucre, puis incorporez la fécule de maïs. Versez le lait chaud, mélangez. Portez le tout à ébullition.

❹ Versez la crème pâtissière sur la pâte. Enfournez pour 30 minutes environ. Laissez refroidir avant de déguster (conservez le flan au réfrigérateur).

Pour 6 personnes
Préparation : 15 min
Cuisson : 25 min
Difficulté : *
Coût : moyen

1 saladier
1 fouet électrique
1 casserole - 1 mixeur
1 moule à gâteau

250 g de pâte d'amandes à 50 % ou 60 %
4 œufs
80 g de fécule de maïs
5 cl de Grand Marnier
100 g de beurre + 1 noix pour le moule
80 g d'amandes effilées

PAIN DE GÊNES

❶ Préchauffez le four à 180 °C (th. 6). Mixez la pâte d'amandes avec les œufs. Montez le tout au fouet jusqu'à ce que le mélange triple de volume. Incorporez délicatement la fécule, puis le Grand Marnier.

❷ Faites fondre le beurre, ajoutez-le au mélange précédent.

❸ Beurrez le moule, placez au fond les amandes effilées, puis versez la pâte dessus. Enfournez pour 25 minutes environ.

Pour 6 personnes
Préparation : 20 min
Cuisson : 55 min
Difficulté : * *
Coût : bon marché

2 saladiers
1 casserole
1 fouet
1 moule à gâteau rond
1 fourchette
1 pinceau

Pour la pâte :
125 g de beurre
100 g de sucre
1 c. à c. de sel
1 œuf + 2 jaunes
200 g de farine
50 g de poudre d'amandes
1 c. à c. de levure chimique
lait
beurre + farine pour le moule

Pour la crème :
25 cl de lait
1 gousse de vanille
3 jaunes d'œufs
60 g de sucre
25 g de fécule de maïs
1 c. à s. de rhum

GÂTEAU BASQUE

❶ Préparez la crème : portez le lait à ébullition avec la gousse de vanille fendue en 2 et grattée. Battez les jaunes d'œufs avec le sucre et la fécule. Retirez la gousse de vanille, versez le lait chaud sur le mélange précédent. Faites cuire à feu doux une dizaine de minutes comme une crème pâtissière, sans cesser de remuer, puis ajoutez le rhum, mélangez.

❷ Faites ramollir le beurre 30 secondes au micro-ondes, mélangez-le avec le sucre et le sel, le mélange doit être crémeux et homogène. Ajoutez l'œuf et le jaune, puis la farine, la poudre d'amandes et la levure. Divisez la pâte en 2.

❸ Préchauffez le four à 170 °C (th. 5-6). Beurrez et farinez le moule, étalez la moitié de la pâte au fond et sur les bords. Versez la crème pâtissière, puis disposez le restant de pâte par-dessus.

❹ À l'aide d'une fourchette, rainurez le dessus du gâteau. Mélangez le jaune d'œuf avec un peu de lait, dorez le gâteau au pinceau. Faites cuire 45 minutes environ.

VARIANTE

Le gâteau basque traditionnel ne comporte pas de cerises noires, mais vous pouvez en ajouter dans la crème pâtissière.

TRUC DE PÂTISSIER

Laissez reposer la pâte 2 heures au réfrigérateur avant de l'étaler.

Pour 4 personnes
Préparation : 15 min
Repos : 1 h
Cuisson : 35 à 40 min
Difficulté : * *
Coût : bon marché

1 bol
1 cul-de-poule
1 spatule
1 fouet
1 moule à génoise

200 g de pruneaux dénoyautés
1 cuil. à soupe de rhum brun
150 g de farine
75 g de sucre
2 œufs
1/2 l de lait
beurre pour le moule

FAR BRETON AUX PRUNEAUX

❶ Placez les pruneaux dans un bol. Versez le rhum et complétez à hauteur avec de l'eau chaude. Laissez réhydrater pendant 1 heure.

❷ Préchauffez le four à 200 °C (th. 7).

❸ Dans un cul-de-poule, réunissez la farine et le sucre. Faites un grand puits, cassez-y les œufs, puis ajoutez le lait. Mélangez progressivement à la spatule puis au fouet pour obtenir une pâte bien homogène.

❹ Beurrez un moule. Disposez les pruneaux réhydratés dans le fond. Versez délicatement la pâte dessus. Enfournez pour 35 à 40 minutes.

VARIANTE

En suivant les mêmes instructions, vous pouvez réaliser un far aux abricots en choisissant des abricots moelleux à réhydrater.

TRUC DE PÂTISSIER

Si votre pâte a des grumeaux, mixez-la finement au mixeur plongeant pour les détruire.

Pour 6 personnes
Préparation : 15 min
Cuisson : 40 min
Difficulté : *
Coût : bon marché

1 saladier
1 fouet
1 économe
1 moule rond de 25 cm de diamètre

6 cuil. à soupe de sucre
2 œufs
6 cuil. à soupe de farine
6 cuil. à soupe d'huile
1 cuil. à café de levure
6 poires
50 g d'amandes effilées
beurre - farine pour le moule

GÂTEAU À LA POIRE

❶ Préchauffez le four à 160 °C (th. 5-6).

❷ Dans un saladier, battez les œufs avec le sucre. Ajoutez la farine, la levure puis l'huile.

❸ Épluchez les poires, coupez-les en 2, retirez l'intérieur, puis émincez-les. Incorporez-les à la pâte.

❹ Beurrez et farinez le moule. Versez la pâte dans le moule, parsemez d'amandes effilées. Enfournez pour 40 minutes environ.

Pour 6 personnes
Préparation : 10 min
Cuisson : 40 min
Difficulté : *
Coût : bon marché

1 saladier
1 fouet
1 moule à cake

1 pot de crème dessert au caramel
3 œufs
8 cl de sauce caramel
100 g de sucre
3 cuil. à soupe d'huile
300 g de farine
1/2 paquet de levure
beurre - farine pour le moule

GÂTEAU AU CARAMEL

❶ Préchauffez le four à 160 °C (th. 5-6).

❷ Dans un saladier, battez les œufs avec le sucre et la sauce caramel. Ajoutez le pot de crème dessert au caramel, puis la farine et la levure. Terminez par l'huile.

❸ Beurrez et farinez le moule. Versez la pâte dans le moule, enfournez pour 40 minutes environ.

Pour 1 génoise
Préparation : 20 min
Cuisson : 30 min
Difficulté : * *
Coût : bon marché

1 saladier
1 fouet
1 casserole
1 batteur
1 tamis
1 maryse
1 moule à génoise de
20 cm de diamètre

4 œufs
125 g de sucre
125 g de farine
beurre

GÉNOISE

❶ Fouettez les œufs avec le sucre dans un saladier placé sur un bain-marie d'eau chaude. Le mélange doit devenir mousseux.

❷ Retirez du feu lorsque l'ensemble est légèrement chaud. Avec un batteur, fouettez le mélange 5 minutes jusqu'à ce qu'il refroidisse complètement et qu'il double de volume.

❸ Tamisez la farine et versez-la en pluie sur le mélange. Incorporez-la délicatement à l'aide d'une maryse en évitant de casser le volume de la pâte. Préchauffez le four à 180 °C (th. 6).

❹ Versez la pâte dans un moule à génoise beurré et fariné. Enfournez pour 30 minutes jusqu'à ce que la génoise soit dorée. Laissez refroidir complètement avant de démouler.

VARIANTE

Pour faire une génoise au chocolat, remplacez la farine par un mélange de 90 g de farine et 35 g de cacao en poudre non sucré que vous aurez tamisé. Pour une génoise au thé matcha, remplacez la farine par un mélange de 90 g de farine et 30 g de thé vert matcha en poudre.

TRUC DE PÂTISSIER

Si vous souhaitez réaliser une feuille de génoise à utiliser dans un montage d'entremets, étalez la génoise délicatement sur une feuille de papier sulfurisé placée sur une plaque de cuisson à l'aide d'une spatule ou d'une poche munie d'une douille ronde de 10 mm en traits successifs collés les uns aux autres. Faites cuire à 210 °C (th. 7) pendant 10 minutes.

Pour 6 personnes
Préparation : 10 min
Cuisson : 30 min
Difficulté : * *
Coût : moyen

1 casserole
1 saladier
1 fouet
1 moule à génoise
ou 1 plat à gratin

500 g de cerises
200 g de farine
100 g de sucre
2 œufs
1/2 l de lait
80 g de beurre + pour le moule
1 pincée de sel

CLAFOUTIS AUX CERISES

❶ Préchauffez le four à 180 °C (th. 6).

❷ Lavez et équeutez les cerises mais laissez les noyaux. Répartissez les fruits dans votre plat préalablement beurré.

❸ Faites chauffer le lait avec le beurre jusqu'à ce qu'il soit complètement fondu. Battez les œufs en omelette avec le sucre, puis ajoutez le sel et la farine.

❹ Délayez délicatement avec le lait. Versez la préparation sur les cerises. Enfournez pour 30 minutes.

VARIANTE

En saison, vous pouvez réaliser des clafoutis aux griottes, ajoutez alors 20 g de sucre pour compenser leur grande acidité.

TRUC DE PÂTISSIER

La recette originale du clafoutis est réalisée avec des cerises entières et leur noyau, mais gare aux dents ! Pour les enfants, retirez les noyaux.

Pour 8 personnes
Préparation : 20 min
Réfrigération : 30 min
Cuisson : 30 min
Difficulté : * *
Coût : bon marché

1 saladier
1 fouet
1 plaque de cuisson
papier sulfurisé
1 pinceau

2 pâtes feuilletées en rouleau
100 g de beurre
100 g de sucre
100 g de poudre d'amandes
2 œufs + 1 pour la dorure
30 g de farine
2 cuil. à soupe de rhum (facultatif)

PITHIVIERS

❶ Travaillez le beurre en pommade, ajoutez les 2 œufs battus en omelette, le sucre puis la poudre d'amandes et la farine. Versez l'alcool si vous en utilisez. Fouettez pour foisonner un peu la crème.

❷ Déposez un rond de crème de 12 cm de diamètre au centre de la première pâte feuilletée. Fouettez l'œuf restant à la fourchette, puis badigeonnez la partie de la pâte non recouverte de cette dorure. Déposez la seconde pâte feuilletée sur la première délicatement en évitant de faire des bulles d'air. Pressez légèrement pour que les 2 pâtes soient bien collées.

❸ Badigeonnez la pâte de dorure. Au couteau, découpez la pâte en forme de fleur à 8 ou 10 pétales. Réfrigérez 30 minutes.

❹ Préchauffez le four à 210 °C (th. 7). Dorez à nouveau la pâte, puis rayez-la avec la pointe d'un couteau sans la percer. Piquez la pâte en 2 ou 3 points pour que la vapeur puisse s'échapper. Placez le pithiviers sur une plaque de cuisson recouverte de papier sulfurisé. Enfournez pour 30 minutes.

VARIANTE

Pour un pithiviers à la pistache, remplacez la moitié de la poudre d'amandes par de la poudre de pistaches.

TRUC DE PÂTISSIER

Si vous souhaitez avoir une découpe régulière, faites au préalable un dessin sur une feuille de papier sulfurisé.

Pour 6 petits kouign-amann
Préparation : 40 min
Repos : 1 h 40
Réfrigération : 1 h
Cuisson : 20 min
Difficulté : * * *
Coût : bon marché

1 robot batteur
1 saladier
1 torchon propre
film alimentaire
6 cercles à gâteaux de 9 cm de diamètre et 3 cm de haut

250 g de farine
5 g de levure de boulanger fraîche
1/2 cuil. à café de sel
100 g de beurre doux
100 g de beurre demi-sel
200 g de sucre

KOUIGN-AMANN

❶ Délayez la levure dans 2 cuillerées à soupe d'eau tiède. Dans la cuve du robot batteur, mélangez au crochet la farine, la levure délayée et 10 cl d'eau. Travaillez la pâte à vitesse réduite pendant 2 minutes. Laissez reposer 30 minutes à température ambiante.

❷ Pétrissez à nouveau la pâte en vitesse moyenne pour obtenir une pâte élastique, lisse et non collante (ajoutez un peu d'eau si besoin). En fin de pétrissage, intégrez le sel. Déposez la pâte dans un saladier, recouvrez d'un torchon, laissez pousser à température ambiante chaude (30-35 °C) ou dans le four à thermostat 1-2, porte ouverte, pendant 40 minutes. Chassez les bulles d'air de la pâte en la tapant contre le fond du saladier. Filmez-la au contact et laissez-la se rafraîchir au réfrigérateur 1 heure.

❸ Travaillez les 2 beurres ensemble pour qu'ils se mêlent bien et se ramollissent. Étalez la pâte en forme de croix de 25 cm avec le centre plus épais. Formez un carré de beurre de 10 cm de côté et déposez-le au centre de la pâte. Repliez la pâte sur le beurre comme une enveloppe. Déposez la moitié du sucre semoule sur votre plan de travail. Abaissez le pâton en un rectangle trois fois plus long que large. Repliez le pâton en 3. Faites un quart de tour, abaissez à nouveau la pâte dans le sucre en un rectangle de 20 cm de côté et 1 cm d'épaisseur.

❹ Roulez la pâte sur elle-même en boudin. Découpez des tranches d'1,5 cm d'épaisseur. Déposez chaque tranche dans un cercle à gâteau. Laissez lever 30 minutes à température ambiante chaude. Préchauffez le four à 210 °C (th. 7), puis enfournez pour 20 minutes environ. En fin de cuisson, retournez les kouign-amann pour qu'ils s'imbibent de caramel des 2 côtés.

VARIANTE

Pour réaliser un grand kouign-amann, étalez la pâte en un long bandeau de 3 cm de hauteur. Roulez-le sur lui-même. Déposez-le dans un moule à manqué ou dans un cercle avant de le faire pousser.

TRUC DE PÂTISSIER

La pâte et le carré de beurre doivent être à la même température pour que l'on puisse bien les travailler ensemble. N'hésitez pas à remettre le beurre au réfrigérateur s'il est trop mou.

GÂTEAU NORMAND AUX POMMES

Pour 4 à 6 personnes
Préparation : 15 min
Cuisson : 30 min
Difficulté : * *
Coût : moyen

1 économe - 1 poêle
1 saladier - 1 fouet
1 moule à manqué

3 belles pommes
50 g de beurre doux
7 cl de calvados (facultatif)
20 cl de crème fraîche épaisse
3 œufs - 100 g de sucre
50 g de fécule de maïs
100 g de farine
1 sachet de levure chimique
1 sachet de sucre vanillé
beurre et farine pour le moule

❶ Pelez les pommes et coupez-les en quartiers un peu épais. Faites-les dorer dans une poêle avec le beurre. Flambez-les au calvados et retirez-les du feu. Préchauffez le four à 180 °C (th. 6).

❷ Blanchissez les œufs avec le sucre jusqu'à ce que le mélange soit bien mousseux. Ajoutez la crème épaisse, puis la farine, la levure et la fécule. Intégrez les pommes dans la pâte. Versez la pâte dans un moule à manqué beurré et fariné. Saupoudrez de sucre vanillé. Enfournez pour 30 minutes.

GÂTEAU RENVERSÉ À L'ANANAS

Pour 4 à 6 personnes
Préparation : 15 min
Cuisson : 30 min
Difficulté : * *
Coût : moyen

1 poêle
1 saladier
1 fouet
1 moule à manqué

1 boîte de tranches d'ananas au sirop
3 œufs
225 g de sucre
125 g de farine
1/2 sachet de levure chimique
125 g de beurre
2 c. à s. de rhum

❶ Préchauffez le four à 180 °C (th. 6).

❷ Réalisez un caramel à sec en faisant fondre 100 g de sucre dans une poêle à feu moyen. Lorsque le caramel est liquide, versez-le au fond d'un moule à manqué. Déposez harmonieusement les tranches d'ananas sur le caramel.

❸ Faites fondre le beurre. Blanchissez les œufs avec le reste de sucre pour obtenir un mélange mousseux. Incorporez le beurre fondu, puis la farine et la levure. Terminez par le rhum. Versez la pâte sur les tranches d'ananas. Enfournez pour 30 minutes.

Pour 6 personnes
Préparation : 15 min
Réfrigération : 30 min
Difficulté : * *
Coût : bon marché

1 saladier
1 fouet
1 moule à cake
papier sulfurisé

300 g de beurre
4 jaunes d'œufs
140 g de sucre glace
30 cl de café fort
2 cuil. à café de café soluble
1 paquet de Petit-Beurre®

GÂTEAU EXPRESS AU CAFÉ

❶ Au fouet, travaillez le beurre en une pommade souple. Incorporez les jaunes d'œufs et le sucre glace. Terminez en ajoutant le café soluble.

❷ Tapissez un moule à cake de papier sulfurisé. Trempez rapidement quelques biscuits dans le café et tapissez-en le fond du moule. Ajoutez une couche de crème au beurre, puis une nouvelle couche de biscuits imbibés et répétez l'opération jusqu'à épuisement des ingrédients.

❸ Recouvrez de papier sulfurisé et laissez réfrigérer 30 minutes.

❹ Démoulez et dégustez bien frais.

VARIANTE

Vous pouvez glacer votre gâteau express de 80 g de chocolat fondu après réfrigération.

TRUC DE PÂTISSIER

Si vous n'avez pas de papier sulfurisé, du film alimentaire conviendra tout aussi bien.

Petit Beurre
Petit Beurre

Pour 4 à 6 personnes
Préparation : 20 min
Repos : 1 h
Cuisson : 25 min
Difficulté : * * *
Coût : bon marché

1 moule à savarin de 20 cm
1 terrine

250 g de fruits rouges

Pour la pâte :
150 g de farine
2 œufs
70 g de beurre + pour le moule
1 cuil. à soupe de sucre
10 cl de lait
1 sachet de levure de boulanger
1 pincée de sel

Pour le sirop :
400 g de sucre en poudre
15 cl de rhum

SAVARIN AUX FRUITS ROUGES

❶ Émiettez la levure dans le lait tiédi. Versez la farine dans une terrine, creusez un puits. Ajoutez le sel, le sucre, les œufs battus en omelette et le lait. Mélangez bien, puis incorporez le beurre mou coupé en petits dés. Travaillez la pâte 15 minutes de façon énergique en la soulevant pour qu'elle devienne lisse et moins collante.

❷ Beurrez un moule à savarin. Répartissez la pâte. Faites lever pendant 1 heure à 30 °C (dans l'étuve du four ou dans une pièce chaude). Préchauffez le four à 160 °C (th. 5/6), puis enfournez pour 20 minutes environ jusqu'à ce que le savarin soit bien doré. Démoulez et laissez refroidir sur une grille.

❸ Faites bouillir 75 cl d'eau et le sucre, puis ajoutez le rhum hors du feu. Arrosez le savarin encore tiède de ce sirop, puis renouvelez l'opération jusqu'à épuisement du liquide.

❹ Conservez le savarin au frais jusqu'au service. Décorez-le de fruits rouges frais et servez aussitôt.

VARIANTE

Pour réaliser un savarin aux fruits exotiques, préparez le sirop en mélangeant 50 cl de jus de fruits de la passion et 50 g de sucre. Faites-le chauffer et ajoutez le rhum. Décorez le savarin de morceaux de mangue, d'ananas et de fruits de la passion.

TRUC DE PÂTISSIER

L'idéal est de travailler la pâte au batteur mécanique muni d'un crochet, cela vous assurera une pâte homogène, sans grumeaux, le tout sans effort.

Pour 6 personnes
Préparation : 25 min
Cuisson : 45 min
Réfrigération : 1 h
Difficulté : * * *
Coût : bon marché

1 casserole
1 saladier
1 fouet
plaques de four
papier sulfurisé

2 pâtes feuilletées

Pour la crème :
40 cl de lait
4 jaunes d'œufs
40 g de fécule de maïs
80 g de sucre
80 g de beurre demi-sel
sucre glace

MILLE-FEUILLE AU CARAMEL BEURRE SALÉ

❶ Préchauffez le four à 180 °C (th. 6). Confectionnez 3 rectangles de feuilletage de 25 cm sur 20 cm. Disposez-les sur des plaques de four tapissées de papier sulfurisé. Recouvrez de papier sulfurisé et posez par-dessus une autre plaque ou grille. Enfournez 30 minutes environ.

❷ Faites chauffer doucement le sucre dans la casserole, ajoutez petit à petit le lait, portez à ébullition. Dans un saladier, battez les jaunes d'œufs avec la fécule. Versez le lait, mélangez et portez à ébullition sans cesser de remuer. Ajoutez le beurre, mélangez. Réservez la crème au réfrigérateur.

❸ Lorsque la crème est bien froide, fouettez-la de manière à ce qu'elle soit lisse.

❹ Recouvrez 2 rectangles de feuilletage de crème pâtissière au caramel, disposez l'un par-dessus l'autre. Ajoutez le troisième rectangle. Coupez les quatre côtés avec un couteau-scie de manière à obtenir des bords droits. Saupoudrez de sucre glace.

VARIANTE

Nappez chaque couche de feuilletage de sauce caramel.

TRUC DE PÂTISSIER

Montez le mille-feuille au dernier moment, le feuilletage restera ainsi très croustillant.

Pour 6 personnes
Préparation : 15 min
Cuisson : 9 min
Difficulté : *
Coût : moyen

2 saladiers
1 fouet
1 batteur électrique
1 plaque de four
papier sulfurisé
1 torchon

4 œufs
125 g de sucre
65 g de farine
65 g de poudre d'amandes
25 g de cacao
200 g de pâte à tartiner

GÂTEAU ROULÉ CHOCO-NOISETTES

❶ Préchauffez le four à 190 °C (th. 6-7). Séparez les jaunes des blancs d'œufs. Dans un saladier, battez les jaunes avec le sucre, puis ajoutez la farine, le cacao et la poudre d'amandes. Montez les blancs d'œufs en neige, puis incorporez-les délicatement au mélange précédent.

❷ Étalez le biscuit sur une plaque de four préalablement recouverte de papier sulfurisé. Faites cuire 9 minutes environ.

❸ Retournez le biscuit sur un torchon, retirez le papier sulfurisé. Étalez la pâte à tartiner sur le gâteau et roulez-le. Coupez les extrémités.

Pour 6 personnes
Préparation : 10 min
Cuisson : 5 min
Réfrigération : 1 h
Difficulté : *
Coût : moyen

1 saladier
1 casserole
1 plat à gâteau

21 crêpes
100 g de chocolat noir
10 cl de crème liquide
200 g de crème de marron
sucre glace

GÂTEAU DE CRÊPES AU CHOCOLAT ET À LA CRÈME DE MARRON

❶ Faites fondre le chocolat au micro-ondes ou au bain-marie. Portez la crème à ébullition, versez-la petit à petit sur le chocolat fondu.

❷ Étalez une fine couche de cette ganache sur une crêpe, ajoutez une deuxième crêpe par-dessus, étalez une fine couche de crème de marron, renouvelez l'opération 9 fois, terminez par une crêpe. Saupoudrez de sucre glace.

❸ Mettez le gâteau au moins 1 heure au réfrigérateur avant de le déguster.

BÛCHE AU CHOCOLAT ET À LA MANDARINE

Pour 6 personnes
Préparation : 25 min
Cuisson : 9 min
Congélation : 2 h
Difficulté : * * *
Coût : moyen

4 saladiers
1 casserole
1 fouet
1 zesteur
1 batteur électrique
1 plaque de four
papier sulfurisé
1 moule à bûche
1 grille

Pour le biscuit :
4 œufs - 125 g de sucre
65 g de farine
65 g de poudre d'amandes
25 g de cacao en poudre

Pour la mousse :
120 g de chocolat noir
25 cl de crème liquide
2 mandarines bio
200 g de confiture de mandarine

Pour le glaçage :
80 g de chocolat noir
10 cl de crème liquide
20 g de beurre

❶ Préchauffez le four à 190 °C (th. 6-7). Séparez les jaunes des blancs d'œufs. Battez les jaunes avec le sucre, puis ajoutez la farine, le cacao et la poudre d'amandes. Montez les blancs en neige, incorporez-les délicatement. Étalez le biscuit sur une plaque recouverte de papier sulfurisé. Enfournez 9 minutes environ.

❷ Prélevez les zestes des mandarines. Faites fondre le chocolat avec 5 cl de crème et les zestes. Montez le reste de crème en chantilly, incorporez-la délicatement au chocolat.

❸ Chemisez le moule de biscuit, étalez une couche de confiture au fond, la mousse, une couche de confiture, terminez par une couche de biscuit. Placez la bûche 2 heures au congélateur.

❹ Portez la crème à ébullition, versez sur le chocolat et le beurre, mélangez. Démoulez la bûche sur une grille, nappez-la et laissez-la décongeler avant de déguster.

VARIANTE

Remplacez les 120 g de chocolat noir de la mousse par 150 g de chocolat blanc.

TRUC DE PÂTISSIER

Si vous ne disposez pas d'un moule à bûche, utilisez une bouteille d'eau découpée aux deux tiers.

Pour 6 personnes
Préparation : 20 min
Cuisson : 5 min
Réfrigération : 2 h
Difficulté : * *
Coût : moyen

2 saladiers
1 bol
2 casseroles
1 fouet
1 moule à charlotte

25 biscuits à la cuillère
4 poires au sirop

Pour le sirop :
5 cl d'alcool de poire
20 g de sucre
25 cl d'eau

Pour la mousse :
10 cl de lait
150 g de chocolat
20 cl de crème liquide
1 feuille de gélatine (2 g)

CHARLOTTE AU CHOCOLAT ET À LA POIRE

❶ Faites tremper la gélatine dans de l'eau froide.

❷ Dans une casserole, portez l'eau et le sucre à ébullition, ajoutez l'alcool de poire. Coupez une extrémité des biscuits, puis trempez-les dans le sirop, retirez-les immédiatement. Disposez les biscuits sur le pourtour et au fond du moule à charlotte.

❸ Portez le lait à ébullition, ajoutez la gélatine, versez sur le chocolat fondu, mélangez. Montez la crème liquide en chantilly, incorporez-la délicatement au mélange précédent.

❹ Émincez les poires. Étalez une couche de mousse au chocolat au fond du moule, disposez une couche de poires, puis une couche de biscuits. Renouvelez l'opération. Réservez la charlotte au moins 2 heures au réfrigérateur. Démoulez.

VARIANTE

Ajoutez 2 pincées de gingembre en poudre dans la mousse au chocolat.

TRUC DE PÂTISSIER

Réalisez vous-même vos poires au sirop : faites cuire les poires épluchées pendant 30 minutes dans 1 l d'eau, avec 150 g de sucre et 1 gousse de vanille grattée.

Pour 6 personnes
Préparation : 20 min
Cuisson : 1 h
Difficulté : * * *
Coût : moyen

3 saladiers
1 fouet
1 poche à douille
1 batteur électrique
papier sulfurisé

Pour la meringue :
3 blancs d'œufs
200 g de sucre
20 g de cacao

Pour la mousse :
5 cl de lait
100 g de chocolat noir
20 cl de crème liquide
sucre glace

CONCORDE

❶ Dans un saladier, montez les blancs d'œufs en neige, ajoutez petit à petit le sucre, puis incorporez délicatement le cacao. Préchauffez le four à 100 °C (th. 3-4).

❷ Découpez 2 cercles de 20 cm de diamètre de papier sulfurisé. Garnissez la poche à douille avec la meringue, confectionnez 2 disques. Réalisez des bâtonnets avec le restant de la meringue. Faites cuire pendant 1 heure.

❸ Faites fondre le chocolat avec le lait au micro-ondes (ou au bain-marie). Montez la crème liquide en chantilly, incorporez-la délicatement au mélange précédent. Réservez-la au réfrigérateur.

❹ Recouvrez un disque de meringue de mousse au chocolat, posez le deuxième disque de meringue. Cassez les bâtonnets de meringue en petits morceaux, collez-les sur le pourtour du gâteau. Saupoudrez de sucre glace.

VARIANTE

Ajoutez des framboises dans la mousse au chocolat.

TRUC DE PÂTISSIER

Montez le gâteau dans un moule chemisé de papier film et passez-le 30 minutes au congélateur avant d'appliquer les morceaux de meringue.

Pour 6 personnes
Préparation : 25 min
Cuisson : 20 min
Difficulté : * * *
Coût : moyen

2 saladiers
1 casserole
1 fouet
1 moule à génoise rond de 20 cm de diamètre
1 pinceau
1 économe

Pour la génoise :
4 œufs
80 g de farine
50 g de cacao
100 g de sucre
beurre - farine pour le moule

Pour la garniture :
100 g de chocolat noir
100 g de cerises amarena
25 cl de crème liquide
1 sachet de sucre vanillé

Pour le sirop :
20 cl d'eau
100 g de sucre
5 cl de kirsch

FORÊT-NOIRE

❶ Préchauffez le four à 180 °C (th. 6). Dans un saladier, battez les œufs et le sucre. Au bain-marie, fouettez jusqu'à ce que le mélange triple de volume. Mélangez la farine avec le cacao, puis incorporez-les délicatement au mélange précédent. Beurrez et farinez le moule, versez la pâte. Faites cuire pendant 20 minutes environ.

❷ Coupez horizontalement la génoise en 3. Portez à ébullition l'eau avec le sucre, ajoutez le kirsch. Imbibez les disques de génoise à l'aide d'un pinceau.

❸ Montez la crème liquide en chantilly, ajoutez le sucre vanillé. Recouvrez un premier disque de génoise de chantilly, ajoutez la moitié des cerises, renouvelez l'opération, terminez le montage par le troisième disque de génoise. Recouvrez l'ensemble du gâteau de chantilly.

❹ Réalisez à l'aide d'un économe des copeaux de chocolat noir. Disposez-les sur la chantilly.

VARIANTE

Ajoutez 20 g de cacao dans la chantilly afin d'obtenir une forêt-noire plus chocolatée.

TRUC DE PÂTISSIER

Utilisez un grand couteau à dents pour trancher la génoise.

Pour 4 à 6 mini-marbrés
Préparation : 20 min
Cuisson : 20 min
Difficulté : * *
Coût : bon marché

2 saladiers
1 fouet
1 maryse
1 tamis
mini-moules à cake

4 œufs moyens
200 g de farine
200 g de sucre
200 g de beurre pommade
1 pointe de couteau de graines de vanille
1 sachet de levure chimique
2 cuil. à soupe de cacao non sucré
beurre pour les moules

MINI-MARBRÉS CHOCOLAT-VANILLE

❶ Battez énergiquement les œufs avec le sucre. Le mélange doit être blanc et mousseux. Ajoutez le beurre pommade et incorporez-le à l'aide d'une maryse.

❷ Tamisez la farine avec la levure chimique et incorporez délicatement à la pâte.

❸ Séparez la pâte en 2 volumes équivalents. Dans l'un, intégrez les graines de vanille. Dans l'autre, le cacao que vous aurez préalablement tamisé. Préchauffez le four à 180 °C (th. 6).

❹ Beurrez les moules. Garnissez-les en commençant par une couche de pâte vanillée au fond, puis une couche de pâte chocolatée et ainsi de suite jusqu'à épuisement des ingrédients. Enfournez pour 20 minutes, puis vérifiez la cuisson avec la pointe d'un couteau, qui doit ressortir sèche.

VARIANTE

Remplacez la poudre de cacao par l'équivalent en thé vert matcha en poudre pour des mini-marbrés vanille-matcha.

TRUC DE PÂTISSIER

Pour une plus grande précision, utilisez des poches à douille pour garnir vos moules.

Pour 4 feuilles d'automne
Préparation : 30 min
Cuisson : 2 h
Rréfrigération : 1 h
Difficulté : * *
Coût : moyen

2 saladiers
1 batteur
1 casserole
1 spatule
4 cercles à gâteau
de 10 cm de diamètre
et 4,5 cm de haut
papier sulfurisé
1 plaque de cuisson
1 poche à douille +
1 douille ronde de 5 mm

150 g de chocolat noir
50 g de copeaux de chocolat
3 œufs + 3 blancs
300 g de sucre

FEUILLES D'AUTOMNE

1. Préchauffez le four à 120 °C (th. 4). Battez les blancs d'œufs avec 250 g de sucre pour obtenir une meringue ferme et brillante. À l'aide d'un cercle à gâteau, tracez 8 cercles au crayon à papier sur une feuille de papier sulfurisé. Placez cette feuille à l'envers sur une plaque de cuisson. À l'aide de la poche, réalisez des escargots de meringue de la taille des cercles. Enfournez pour 2 heures.

2. Clarifiez les œufs. Montez les blancs en neige avec 30 g de sucre. Faites fondre le chocolat au bain-marie. Retirez du feu, puis intégrez les jaunes et le sucre restant. Mélangez bien puis incorporez délicatement la meringue. Réservez au frais.

3. Lorsque les meringues sont cuites et refroidies, placez une meringue au fond de chaque cercle à gâteau. Garnissez de mousse au chocolat et terminez par un cercle de meringue. Réservez au froid 1 heure.

4. Démoulez délicatement les gâteaux en faisant coulisser les cercles vers le haut et en appuyant sur la meringue. Masquez les gâteaux avec le reste de mousse après l'avoir travaillée à la spatule pour l'assouplir. Décorez de copeaux de chocolat. Réservez au froid jusqu'au service.

VARIANTE

Remplacez la mousse au chocolat noir par de la mousse au chocolat blanc. Décorez de copeaux blancs et noirs.

TRUC DE PÂTISSIER

Vous pouvez réaliser vos copeaux vous-même en réchauffant une plaque de chocolat noir quelques instants entre vos mains et en taillant des copeaux avec un économe.

Pour 6 personnes
Préparation : 10 min
Cuisson : 35 min
Difficulté : *
Coût : moyen

2 saladiers
1 fouet
1 moule à génoise

200 g de chocolat noir
200 g de beurre
3 œufs
150 g de sucre en poudre
60 g de farine
1 c. à c. de levure
sucre glace
beurre - farine pour le moule

MOELLEUX AU CHOCOLAT

❶ Préchauffez le four à 160 °C (th. 5-6). Faites fondre au bain-marie (ou au micro-ondes) le chocolat avec le beurre. Battez les œufs avec le sucre, ajoutez le mélange au chocolat, puis incorporez la farine et la levure.

❷ Beurrez et farinez le moule, versez la pâte. Enfournez pour 35 minutes environ. Laissez le moelleux refroidir avant de le démouler. Saupoudrez de sucre glace avant de servir.

Pour 6 personnes
Préparation : 20 min
Cuisson : 50 min
Difficulté : * *
Coût : moyen

1 saladier - 1 casserole
1 fouet - 1 moule à cake

3 œufs - 1 yaourt
150 g de sucre en poudre
2 c. à s. de miel
200 g de farine
1 c. à c. de levure
150 g de rhubarbe congelée prête à l'emploi
250 g de fraises
beurre - farine pour le moule

Pour le sirop :
25 cl d'eau - 3 c. à s. de miel

MOELLEUX À LA FRAISE ET À LA RHUBARBE

❶ Lavez les fraises, coupez-les en quartiers.

❷ Réalisez le sirop : portez à ébullition l'eau et le miel. Ajoutez la rhubarbe, laissez cuire à feu doux pendant 10 minutes, égouttez la rhubarbe. Préchauffez le four à 160 °C (th. 5-6).

❸ Battez les œufs avec le sucre et le miel. Incorporez le yaourt, puis la farine et la levure. Ajoutez la rhubarbe et les quartiers de fraises.

❹ Beurrez et farinez un moule, versez la pâte. Enfournez pour 40 minutes environ.

Pour 6 personnes
Préparation : 20 min
Réfrigération : 2 h
Difficulté : * *
Coût : moyen

1 saladier
1 assiette creuse
1 fouet
1 batteur électrique
1 moule à charlotte

25 biscuits à la cuillère
5 cl de sirop à la pêche
250 g de pêches au sirop

Pour la mousse :
200 g de coulis de pêches
150 g de fromage blanc
2 blancs d'œufs
80 g de sucre
3 feuilles de gélatine (6 g)
1 petit bouquet de verveine fraîche

CHARLOTTE À LA PÊCHE ET À LA VERVEINE

1. Faites tremper les feuilles de gélatine dans un grand volume d'eau froide.

2. Dans une assiette creuse, diluez le sirop de pêche avec 15 cl d'eau chaude. Coupez une extrémité des biscuits, puis trempez-les dans le sirop, retirez-les immédiatement. Disposez-les sur le pourtour et au fond du moule à charlotte.

3. Égouttez la gélatine, faites-la fondre au micro-ondes avec la moitié du coulis de pêches (40 secondes), ajoutez l'autre moitié du coulis, mélangez le tout avec le fromage blanc. Émincez très finement la verveine et ajoutez-la. Montez les blancs d'œufs en neige, intégrez le sucre, puis incorporez-les délicatement au mélange précédent.

4. Émincez les pêches. Étalez une couche de mousse au fond du moule, puis une couche de pêches et une couche de biscuits, renouvelez l'opération. Réservez la charlotte au moins 2 heures au réfrigérateur. Démoulez. Décorez avec quelques quartiers de pêches et une pousse de verveine.

VARIANTE

Remplacez les pêches par des abricots et la verveine par du romarin.

TRUC DE PÂTISSIER

Réalisez la charlotte la veille, elle n'en sera que meilleure.

Pour 6 personnes
Préparation : 20 min
Réfrigération : 2 h
Difficulté : * *
Coût : moyen

2 saladiers
1 assiette creuse
1 fouet
1 moule à charlotte
1 batteur électrique

25 biscuits à la cuillère
5 cl de sirop à la fraise
200 g de fraises

Pour la mousse :
200 g de coulis de fraises
15 cl de crème liquide
2 blancs d'œufs
80 g de sucre
3 feuilles de gélatine (6 g)

CHARLOTTE À LA FRAISE

❶ Faites tremper les feuilles de gélatine dans un grand volume d'eau froide.

❷ Dans une assiette creuse, diluez le sirop de fraise avec 15 cl d'eau chaude. Coupez une extrémité des biscuits, puis trempez-les dans le sirop, retirez-les immédiatement. Disposez les biscuits sur le pourtour du moule à charlotte, puis au fond.

❸ Montez les blancs d'œufs en neige, ajoutez le sucre. Égouttez la gélatine, faites-la fondre au micro-ondes avec la moitié du coulis de fraises (40 secondes), ajoutez l'autre moitié du coulis, mélangez délicatement avec les blancs en neige. Montez la crème liquide en chantilly, incorporez-la délicatement au mélange précédent.

❹ Coupez les fraises en quartiers. Étalez une couche de mousse au fond du moule, parsemez de fraises. Disposez une couche de biscuits, puis une couche de mousse parsemée de fraises. Terminez par une couche de biscuits. Réservez la charlotte au moins 2 heures au réfrigérateur. Démoulez-la, puis décorez avec quelques fraises.

VARIANTE

Ajoutez quelques bonbons à la fraise dans la mousse.

TRUC DE PÂTISSIER

Chemisez votre moule à charlotte de papier film afin de la démouler plus facilement.

Pour 6 personnes
Préparation : 25 min
Cuisson : 20 min
Réfrigération : 1 h
Difficulté : * * *
Coût : moyen

2 saladiers
1 casserole
1 fouet
1 moule à génoise rond de 20 cm de diamètre
1 moule à gâteau à bord haut
1 pinceau

250 g de fraises
100 g de pâte d'amandes blanche

Pour la génoise :
4 œufs
130 g de farine
100 g de sucre
5 cl de sirop à la fraise

Pour la crème :
200 g de crème pâtissière
2 feuilles de gélatine (4 g)
1 gousse de vanille
20 cl de crème liquide

FRAISIER

❶ Préchauffez le four à 180 °C (th. 6). Battez les œufs et le sucre. Au bain-marie, fouettez jusqu'à ce que le mélange triple de volume. Incorporez délicatement la farine. Beurrez et farinez le moule, versez la pâte. Enfournez 20 minutes. Démoulez immédiatement.

❷ Découpez horizontalement la génoise en 2. Diluez le sirop avec un peu d'eau, imbibez la génoise au pinceau.

❸ Trempez la gélatine dans de l'eau froide. Lissez au fouet la crème pâtissière avec la gousse de vanille grattée. Égouttez la gélatine, faites-la fondre au micro-ondes, ajoutez-la à la crème pâtissière. Montez la crème en chantilly, incorporez-la délicatement.

❹ Dans un moule à bord haut, placez un disque de génoise au fond, des demi-fraises sur le pourtour, puis garnissez le centre de fraises entières. Recouvrez de crème. Posez le deuxième disque, recouvrez de pâte d'amandes. Placez le fraisier 1 heure au réfrigérateur. Démoulez et décorez avec des fraises.

VARIANTE

Ajoutez un peu de pâte de pistaches dans la crème.

TRUC DE PÂTISSIER

La crème pâtissière doit être froide au moment d'incorporer la crème Chantilly afin qu'elle ne retombe pas.

Pour 4 mini-framboisiers
Préparation : 50 min
Cuisson : 15 min
Réfrigération : 1 h
Difficulté : * * *
Coût : moyen

2 casseroles
1 bol
1 fouet
1 plat
film alimentaire
4 cercles à gâteau de
10 cm de diamètre et
4,5 cm de haut

1 feuille de génoise au thé vert matcha (recette p. 20)
500 g de framboises
1/2 l de lait
1 gousse de vanille
175 g de sucre
1 œuf + 1 jaune
30 g de farine
20 g de fécule de maïs
125 g de beurre
5 cl d'alcool de framboises (facultatif)

MINI-FRAMBOISIERS AU MATCHA

❶ Faites chauffer le lait à feu moyen avec 50 g de sucre et les graines de la gousse de vanille. Dans un bol, fouettez les œufs avec 75 g de sucre, la farine tamisée et la fécule. Versez le lait chaud, délayez petit à petit et remettez à cuire à feu moyen en remuant constamment jusqu'à ce que la crème épaississe et commence à bouillonner. Retirez du feu. Versez dans un plat et laissez refroidir complètement. Travaillez le beurre en pommade avec un fouet, puis ajoutez progressivement la crème refroidie.

❷ Réalisez le sirop en mélangeant 50 g de sucre, 15 cl d'eau et l'alcool si vous en utilisez. Portez à ébullition puis laissez refroidir. Coupez 8 disques de génoise de la taille des cercles. Imbibez-les légèrement de sirop.

❸ Rincez les framboises. Tapissez les cercles de film alimentaire. Dans chaque cercle, déposez un disque de génoise. Plaquez les framboises contre les bords du cercle (gardez-en 4 belles pour la déco). Garnissez de crème en laissant 1 cm de vide. Ajoutez un second disque de génoise imbibée. Terminez par une couche de crème bien lisse. Réfrigérez 1 heure.

❹ Retirez les cercles délicatement : tenez le cercle d'une main et poussez la base du framboisier vers le haut. Décorez chaque framboisier d'1 framboise et servez immédiatement.

VARIANTE

Réalisez un framboisier au chocolat en utilisant une feuille de génoise au chocolat (recette p. 20).

TRUC DE PÂTISSIER

Achetez du ruban de rhodoïd chez un spécialiste en matériel de pâtisserie que vous placerez à l'intérieur de vos cercles à gâteaux en remplacement du film alimentaire. Le rendu sera plus net.

Pour 6 personnes
Préparation : 40 min
Cuisson : 10 min
Réfrigération : 1 h 30
Difficulté : * * *
Coût : moyen

1 assiette
1 saladier
1 bol
1 zesteur
1 presse-agrumes
1 cercle à gâteau
ruban rhodoïd ou film alimentaire
2 casseroles
1 batteur
1 thermomètre à sucre
1 chinois
1 mixeur
1 cul-de-poule

Pour le gâteau :
1 feuille de génoise (voir truc de pâtissier p.20)
5 citrons jaunes non traités
3 feuilles de gélatine
70 g de blancs d'œufs
140 g de sucre
15 cl de crème liquide

Pour le glaçage :
150 g de framboises fraîches
2 feuilles de gélatine
30 g de sucre

MIROIR CITRON-FRAMBOISES

❶ Positionnez le ruban transparent à l'intérieur du cercle et scotchez-le pour qu'il soit bien plaqué. Découpez un disque de génoise à la taille de votre cercle. Placez l'ensemble (cercle + fond de biscuit) sur une assiette de service.

❷ Réhydratez les feuilles de gélatine dans de l'eau froide. Zestez 2 citrons et hachez les zestes très finement. Pressez les citrons. Dans une casserole, faites chauffer 5 cl d'eau avec le sucre à feu moyen jusqu'à 120 °C. Battez les blancs d'œufs en neige, versez délicatement le sucre cuit pour obtenir une meringue à l'italienne ferme et brillante.

❸ Faites chauffer le jus de citron. Lorsqu'il est chaud, retirez du feu et incorporez la gélatine essorée. Versez dans un cul-de-poule. Ajoutez petit à petit la meringue italienne. Montez la crème liquide en chantilly, puis intégrez-la délicatement au mélange précédent, ainsi que les zestes. Garnissez la génoise de mousse au citron en plaquant bien la mousse contre les parois du cercle jusqu'à 2 mm du haut. Faites prendre au réfrigérateur 1 heure.

❹ Réhydratez les feuilles de gélatine dans de l'eau froide. Mixez les framboises (gardez-en 2 ou 3 pour la déco) en coulis. Filtrez le coulis, puis faites-le chauffer avec le sucre. Lorsque le mélange est bien chaud, retirez du feu et incorporez la gélatine essorée. Mélangez bien et laissez refroidir 5 minutes. Sortez le gâteau, lorsque le coulis est encore liquide mais tiède, versez-le sur la surface de la mousse au citron. Laissez refroidir 30 minutes au réfrigérateur. Retirez délicatement le cercle, puis le ruban avant de servir et décorez de framboises.

VARIANTE

Vous pouvez réaliser un miroir passion-framboises en remplaçant le jus de citron par du jus de fruits de la passion.

TRUC DE PÂTISSIER

Remplacez les feuilles de gélatine par 4 g d'agar-agar. Dans ce cas, laissez cuire quelques minutes le mélange de jus et d'agar-agar.

Pour 4 à 6 personnes
Préparation : 25 min
Réfrigération : 1 h
Cuisson : 40 min
Difficulté : * *
Coût : moyen

1 saladier
film alimentaire
1 moule à manqué

300 g de farine
200 g de sucre
2 œufs + 2 jaunes
200 g de beurre + un peu pour le moule
le zeste d'1 citron non traité
1 pincée de sel
200 g de confiture de cerises noires

GÂTEAU BASQUE AUX CERISES NOIRES

❶ Hachez très finement le zeste de citron. Mélangez la farine avec le sel, le zeste et le sucre. Sablez la farine avec le beurre froid du bout des doigts comme un crumble. Ménagez un puits au centre, versez-y les 2 jaunes d'œufs et 1 œuf entier battus en omelette. Incorporez délicatement les œufs à la farine sans trop travailler la pâte.

❷ Filmez la pâte et laissez-la reposer 1 heure au réfrigérateur.

❸ Préchauffez le four à 180 °C (th. 6). Étalez les 2/3 de la pâte au fond d'un moule à manqué beurré. Recouvrez de confiture de cerises en vous arrêtant à 1 cm du bord. Recouvrez avec la pâte restante.

❹ Dorez la surface de la pâte avec l'œuf restant, battu. Quadrillez la pâte avec la pointe d'un couteau. Enfournez pour 40 minutes.

VARIANTE

Vous pouvez également déguster ce gâteau sec sans fourrage ou fourré de 200 g de crème pâtissière.

TRUC DE PÂTISSIER

Faites attention à ne pas quadriller la pâte trop profondément, sinon la confiture s'échapperait et brûlerait à la surface du gâteau.

Pour 6 personnes
Préparation : 10 min
Cuisson : 45 min
Difficulté : *
Coût : moyen

1 saladier
1 fouet
1 zesteur
1 presse-agrumes
1 moule à cake

3 œufs
1 yaourt
300 g de farine
200 g de sucre
50 g de beurre fondu
1/2 paquet de levure
1 citron bio
beurre - farine pour le moule

GÂTEAU AU CITRON

❶ Préchauffez le four à 160 °C (th. 5-6). Dans un saladier, battez le yaourt avec le sucre, ajoutez les œufs puis la farine, la levure et le beurre fondu.

❷ Prélevez les zestes du citron, pressez le jus. Incorporez les zestes et le jus du citron au mélange précédent.

❸ Beurrez et farinez le moule à cake. Versez la pâte. Enfournez pour 45 minutes environ.

Pour 6 personnes
Préparation : 15 min
Cuisson : 35 min
Congélation : 1 h
Difficulté : *
Coût : moyen

2 saladiers
1 fouet
1 moule à gâteau
1 batteur électrique

100 g de sucre
4 œufs
150 g de noix décortiquées
100 g de poudre d'amandes
50 g de farine
125 g de beurre fondu
beurre - farine pour le moule

GÂTEAU AUX NOIX

❶ Hachez les noix. Séparez les jaunes des blancs d'œufs. Battez les jaunes avec le sucre, ajoutez la farine, la poudre d'amandes, les noix hachées puis le beurre fondu.

❷ Préchauffez le four à 150 °C (th. 5). Montez les blancs d'œufs en neige, puis incorporez-les délicatement au mélange précédent.

❸ Beurrez et farinez le moule, versez la pâte, enfournez pour 35 minutes environ. Placez le gâteau pendant 1 heure au congélateur avant de le démouler.

GÂTEAU À LA FIGUE ET À LA FRAMBOISE

Pour 6 personnes
Préparation : 20 min
Repos : 30 min
Cuisson : 55 min
Difficulté : * *
Coût : moyen

1 casserole
2 saladiers
1 fouet
1 moule à gâteau

8 figues fraîches
200 g de framboises
2 cuil. à soupe de cassonade
180 g de beurre + 1 noix pour le moule
180 g de sucre glace + un peu pour la décoration
135 g de poudre d'amandes
1 œuf + 1 jaune
200 g de farine
1 cuil. à café de levure chimique
1 pincée de sel

❶ Lavez les figues, coupez-les en quartiers. Dans une casserole, faites-les revenir à feu doux avec la cassonade pendant 10 minutes environ. Ajoutez ensuite les framboises, laissez compoter pendant encore 2 à 3 minutes. Réservez au frais.

❷ Faites ramollir le beurre au micro-ondes pendant 30 secondes. Battez le sucre glace avec le beurre, le sel et la poudre d'amandes de manière à obtenir un mélange homogène et crémeux. Ajoutez le jaune d'œuf et l'œuf entier, puis incorporez la farine et la levure chimique. Divisez la pâte en 2. Laissez-la reposer 30 minutes au réfrigérateur.

❸ Préchauffez le four à 160 °C (th. 5-6). Beurrez le moule. Répartissez la moitié de la pâte au fond du moule, ajoutez la compotée de figues et framboises puis disposez dessus la deuxième partie de la pâte. Enfournez pour 40 minutes environ.

❹ Vérifiez la cuisson avec la lame d'un couteau, elle doit ressortir sèche. Laissez refroidir quelques minutes avant de démouler. Saupoudrez de sucre glace avant de servir.

VARIANTE

Remplacez la poudre d'amandes par de la poudre de pistaches.

TRUC DE PÂTISSIER

Servez ce gâteau avec un peu de crème Chantilly.

Pour 6 personnes
Préparation : 20 min
Cuisson : 40 min
Difficulté : * *
Coût : moyen

1 saladier
1 bol
1 poêle
1 fouet
1 moule à gâteau

500 g d'abricots
2 cuil. à soupe de miel
3 œufs
100 g de sucre
120 g de farine
50 g de poudre d'amandes
125 g de beurre
1 cuil. à café de levure
50 g d'amandes effilées
beurre et farine pour le moule

GÂTEAU AU MIEL ET AUX ABRICOTS

❶ Coupez les abricots en quartiers. Faites-les revenir à la poêle avec le miel. Faites fondre le beurre au micro-ondes. Préchauffez le four à 160 °C (th. 5-6).

❷ Dans un saladier, battez les œufs avec le sucre, ajoutez la poudre d'amandes, la farine et la levure, terminez par le beurre fondu.

❸ Beurrez et farinez le moule.

❹ Incorporez les abricots dans la pâte, versez le tout dans le moule, parsemez d'amandes effilées. Enfournez pour 40 minutes environ. Vérifiez la cuisson à l'aide de la lame d'un couteau, elle doit ressortir sèche.

VARIANTE

Ajoutez de petits morceaux de bonbons à la réglisse.

TRUC DE PÂTISSIER

Utilisez de préférence des abricots frais et bien mûrs !

Pour 4 à 6 personnes
Préparation : 20 min
Cuisson : 8 à 10 min
Difficulté : * *
Coût : bon marché

1 saladier
1 fouet
1 casserole
1 tamis
1 plaque de cuisson
papier sulfurisé
1 torchon propre
1 maryse
1 batteur électrique

4 œufs
125 g de sucre
125 g de farine
400 g de confiture de fraises

ROULÉ À LA FRAISE

❶ Fouettez les œufs avec le sucre dans un saladier placé sur un bain-marie d'eau chaude. Le mélange doit devenir mousseux. Retirez du feu lorsque l'ensemble est légèrement chaud. Avec un batteur, fouettez cette préparation 5 minutes jusqu'à ce qu'elle refroidisse complètement et double de volume.

❷ Tamisez la farine et versez-la en pluie sur la préparation aux œufs. Incorporez-la délicatement avec une maryse en évitant de casser le volume de la pâte. Préchauffez le four à 180 °C (th. 6).

❸ Étalez délicatement la pâte sur une feuille de papier sulfurisé posée sur une plaque de cuisson. Enfournez pour 8 à 10 minutes jusqu'à ce que la génoise soit dorée.

❹ Retirez la génoise du four. Déposez un torchon propre légèrement humide dessus. Laissez-la refroidir complètement. Retirez délicatement la feuille de papier sulfurisé. Tartinez la génoise de confiture de fraises, puis enroulez-la sur elle-même. Nappez le roulé d'un peu de confiture restante.

VARIANTE

Pour une version aux marrons, garnissez le roulé d'un mélange de 200 g de crème de marrons et 200 g de mascarpone.

TRUC DE PÂTISSIER

Afin de savoir si le mélange est suffisamment refroidi lorsque vous le fouettez au batteur, faites le test du ruban : prélevez un peu de pâte, c'est bon si elle retombe en formant un ruban, mais si elle ne laisse aucune trace, continuez à fouetter.

Pour 6 personnes
Préparation : 20 min
Cuisson : 15 min
Difficulté : * *
Coût : bon marché

3 saladiers
1 fouet
1 batteur électrique
1 plaque de four
papier sulfurisé
1 torchon
1 casserole
1 grille

Pour le biscuit :
4 œufs
125 g de sucre
65 g de farine
65 g de poudre d'amandes
25 g de cacao
200 g de confiture d'orange

Pour le glaçage :
10 cl de crème fraîche
80 g de chocolat noir
20 g de beurre
quelques pistaches hachées

GÂTEAU ROULÉ À L'ORANGE

❶ Préchauffez le four à 190 °C (th. 6-7). Séparez les jaunes des blancs d'œufs. Dans un saladier, battez les jaunes avec le sucre, puis ajoutez la farine, le cacao et la poudre d'amandes. Montez les blancs d'œufs en neige, puis incorporez-les délicatement au mélange précédent.

❷ Étalez le biscuit sur une plaque de four préalablement recouverte de papier sulfurisé. Enfournez pour 9 minutes environ. Retournez le biscuit sur un torchon, retirez le papier sulfurisé. Étalez la confiture d'orange et roulez le gâteau. Coupez les extrémités.

❸ Portez la crème à ébullition, versez-la sur le chocolat préalablement haché, ajoutez le beurre, mélangez.

❹ Placez le gâteau sur une grille, recouvrez-le de glaçage au chocolat. Décorez avec les pistaches hachées.

VARIANTE

Remplacez la poudre d'amandes par de la poudre de pistaches.

TRUC DE PÂTISSIER

Une fois le biscuit cuit, étalez la confiture et roulez-le immédiatement afin qu'il se plie sans casser.

Pour 6 personnes
Préparation : 20 min
Cuisson : 20 min
Difficulté : * * *
Coût : moyen

3 saladiers
1 casserole
1 fouet
1 batteur électrique
1 moule à gâteau rond
1 pinceau
1 grille

Pour la garniture :
200 g de crème de marron
200 g de mascarpone

Pour le biscuit :
3 œufs
100 g de sucre
1 c. à s. de fécule de maïs
80 g de farine de châtaigne
50 g de beurre fondu
50 g de brisures de marrons confits
beurre - farine pour le moule
rhum

Pour le glaçage :
10 cl de crème liquide
100 g de chocolat noir
25 g de beurre

DÉLICE AUX MARRONS

❶ Préchauffez le four à 180 °C (th. 6). Séparez les blancs des jaunes d'œufs. Battez les jaunes avec le sucre, ajoutez la fécule de maïs, la farine, puis le beurre fondu et les brisures de marrons confits. Montez les blancs d'œufs en neige, incorporez-les délicatement. Versez la pâte dans un moule beurré et fariné. Enfournez 20 minutes environ.

❷ Une fois que le gâteau est froid, divisez-le horizontalement en 3 disques et, au pinceau, imbibez-les légèrement de rhum.

❸ Mélangez le mascarpone avec la crème de marrons. Recouvrez le premier disque de ce mélange, puis renouvelez l'opération. Terminez par un disque de biscuit.

❹ Portez la crème à ébullition, ajoutez le chocolat fondu et le beurre, mélangez. Placez le gâteau sur une grille. Recouvrez-le avec le glaçage au chocolat. Réservez-le au frais avant dégustation.

VARIANTE

Ajoutez quelques cassis dans la crème mascarpone aux marrons.

TRUC DE PÂTISSIER

Nappez le gâteau froid (passé 30 minutes au congélateur) avec un glaçage chaud, de manière à ce qu'il soit fin et lisse.

GÂTEAU AU LITCHI ET À LA ROSE

Pour 6 personnes
Préparation : 25 min
Réfrigération : 1 h
Cuisson : 5 min
Congélation : 2 h
Difficulté : * * *
Coût : moyen

2 saladiers
1 casserole
1 bol
1 fouet
1 moule à gâteau
papier film
1 grille

1 c. à s. d'eau de rose
1,5 feuille de gélatine (3 g)
15 cl de crème liquide
1 boîte de litchis au sirop
10 biscuits à la cuillère
1 pot de confiture de rose
quelques pétales de rose non traités

Pour la crème pâtissière :
25 cl de lait
3 jaunes d'œufs
50 g de sucre
40 g de farine

❶ Trempez la gélatine dans de l'eau froide. Faites bouillir le lait. Battez les jaunes d'œufs avec le sucre, ajoutez la farine. Versez dessus le lait bouillant, mélangez et portez à ébullition sans cesser de remuer. Réservez au frais au moins 1 heure.

❷ Lissez au fouet la crème pâtissière. Faites chauffez l'eau de rose avec la gélatine au micro-ondes (30 secondes). Mélangez à la crème pâtissière. Montez la crème liquide en chantilly, incorporez-la délicatement.

❸ Coupez les litchis en petits morceaux, gardez le sirop. Placez un papier film au fond du moule. Versez la moitié de la mousse, disposez les litchis, recouvrez de mousse. Trempez les biscuits dans le sirop des litchis, déposez-les par-dessus. Placez 2 heures au congélateur.

❹ Démoulez, retirez le film et retournez le gâteau sur une grille. Faites chauffer la confiture de rose pour qu'elle soit liquide. Nappez le gâteau. Décorez avec les pétales de rose.

VARIANTE

Remplacez les litchis par du pamplemousse rose.

TRUC DE PÂTISSIER

Étalez finement la crème pâtissière dans un grand moule, recouvrez-la de papier film et placez-la au congélateur afin qu'elle refroidisse plus rapidement.

Pour 6 personnes
Préparation : 20 min
Cuisson : 20 min
Difficulté : * * *
Coût : moyen

2 saladiers
1 fouet
1 poche à douille
1 batteur électrique
papier sulfurisé

3 blancs d'œufs
30 g de sucre
70 g de poudre d'amandes
70 g de sucre glace
20 g de farine
50 g de pistaches émondées
300 g de crème pâtissière
200 g de framboises
sucre glace

DACQUOISE PISTACHE ET FRAMBOISE

❶ Concassez les pistaches. Dans un saladier, mélangez la poudre d'amandes avec le sucre glace et la farine.

❷ Dans un autre saladier, montez les blancs d'œufs en neige, puis ajoutez le sucre. Versez le premier mélange en pluie sur les blancs en neige. Préchauffez le four à 180 °C (th. 6).

❸ Découpez 2 cercles de 20 cm de diamètre dans une feuille de papier sulfurisé. Garnissez la poche à douille avec la pâte, confectionnez 2 disques. Parsemez les biscuits de pistaches. Enfournez 20 minutes environ.

❹ Fouettez la crème pâtissière pour la rendre lisse. Recouvrez-en le premier biscuit, ajoutez les framboises, puis le deuxième biscuit. Saupoudrez de sucre glace.

VARIANTE

Ajoutez un peu de sirop d'anis dans la crème pâtissière.

TRUC DE PÂTISSIER

Pour former de jolis disques bien ronds, réalisez une spirale en partant du centre avec la poche à douille. La crème pâtissière ne doit pas recouvrir totalement le premier biscuit, elle doit rester à 1 cm du bord.

Pour 6 personnes
Préparation : 20 min
Cuisson : 25 min
Difficulté : * * *
Coût : moyen

3 saladiers
1 fouet
1 poche à douille
1 batteur électrique
papier sulfurisé

Pour le macaron :
2 blancs d'œufs
100 g de sucre
100 g de poudre d'amandes
100 g de sucre glace
25 g de pistaches hachées

Pour la crème :
100 g de mascarpone
10 cl de crème liquide
100 g de confiture de cassis

GRAND MACARON AU CASSIS

❶ Dans un saladier, mélangez le sucre glace avec la poudre d'amandes. Dans un autre saladier, montez les blancs d'œufs en neige, ajoutez petit à petit le sucre. Incorporez délicatement le mélange précédent aux blancs en neige. Préchauffez le four à 150 °C (th. 5).

❷ Découpez 2 cercles de 20 cm dans une feuille de papier sulfurisé. Confectionnez 2 disques de macaron à l'aide de la poche à douille (faites une spirale en partant du centre). Saupoudrez de pistaches hachées. Enfournez 25 minutes environ.

❸ Dans un saladier, mélangez le mascarpone avec la crème liquide, fouettez jusqu'à l'obtention d'une mousse, incorporez délicatement la confiture de cassis.

❹ Retournez un macaron, étalez la crème au cassis, puis refermez avec le deuxième macaron.

VARIANTE

Ajoutez un peu d'arôme de violette dans la crème. Vous pouvez aussi dresser des macarons individuels, de 8 cm de diamètre. Faites-les alors cuire 15 minutes, au lieu des 25 nécessaires pour le grand.

TRUC DE PÂTISSIER

Laissez le macaron à l'air libre pendant 20 minutes avant de le cuire, il aura ainsi une belle coque lisse.

Carte Postale

Pour 6 personnes
Préparation : 25 min
Cuisson : 20 min
Congélation : 1 h
Difficulté : * *
Coût : moyen

3 saladiers
1 fouet
1 bol
1 mixeur
1 moule à gâteau
1 batteur électrique
papier film

1/2 ananas
1 kiwi
1 fruit de la passion
100 g de framboises

Pour le biscuit coco :
2 blancs d'œufs
30 g de sucre
40 g de poudre d'amandes
50 g de noix de coco râpée
beurre - farine pour le moule

Pour la mousse mangue :
1 mangue
60 g de sucre
20 cl de crème liquide
2 feuilles de gélatine (4 g)

TUTTI FRUTTI

❶ Préchauffez le four à 180 °C (th. 6). Dans un saladier, mélangez la poudre d'amandes avec la noix de coco. Montez les blancs d'œufs en neige, ajoutez le sucre. Versez la poudre amande-coco en pluie tout en mélangeant. Versez la pâte dans un moule beurré et fariné. Enfournez 20 minutes. Démoulez.

❷ Trempez la gélatine dans de l'eau froide. Épluchez la mangue, prélevez la chair, mixez-la. Faites fondre la gélatine au micro-ondes avec un peu de coulis de mangue. Mélangez avec le restant de coulis. Montez la crème liquide en chantilly, ajoutez le sucre et incorporez délicatement au mélange précédent.

❸ Chemisez le moule de papier film, versez la mousse à la mangue, ajoutez le biscuit coco. Placez le gâteau pendant 1 heure au congélateur.

❹ Démoulez, retirez le film, retournez le gâteau. Détaillez l'ananas et le kiwi en triangles. Décorez le gâteau avec tous les fruits.

VARIANTE

Remplacez la mangue par une boîte de litchis au sirop (égouttée).

TRUC DE PÂTISSIER

Afin d'obtenir un plus joli gâteau, appliquez un peu de noix de coco râpée sur les pourtours du gâteau avant de décorer avec les fruits.

Pour 6 personnes
Préparation : 15 min
Cuisson : 40 min
Difficulté : * *
Coût : bon marché

1 saladier
1 fouet
1 zesteur
1 moule à gâteau

150 g de carottes râpées
1 citron
150 g de cassonade
3 œufs
250 g de farine
1 cuil. à café de levure
8 cl de jus d'orange
8 cl d'huile
1 pincée de cannelle
80 g d'amandes
80 g de noisettes
beurre - farine pour le moule

GÂTEAU À LA CAROTTE

❶ Préchauffez le four à 150 °C (th. 5). Dans un saladier, battez les œufs avec la cassonade, puis ajoutez la farine, la levure, le jus d'orange, l'huile et la cannelle.

❷ Concassez grossièrement les noisettes et les amandes. Prélevez les zestes du citron. Incorporez ensuite au premier mélange les zestes du citron, les carottes râpées, les amandes et les noisettes hachées.

❸ Beurrez et farinez le moule.

❹ Versez la pâte dans le moule, faites cuire au four pendant 40 minutes environ. Vérifiez la cuisson avec la lame d'un couteau, elle doit ressortir sèche.

VARIANTE

Remplacez la moitié du sucre par du miel.

TRUC DE PÂTISSIER

Découpez un rond de papier sulfurisé pour mettre au fond de votre moule afin de démouler le gâteau plus facilement.

Pour 6 personnes
Préparation : 20 min
Congélation : 2 h
Difficulté : * *
Coût : moyen

2 saladiers
1 casserole
1 batteur électrique
1 fouet
1 mixeur
1 passoire fine
1 moule en forme
de couronne (en silicone)
1 grille

250 g de groseilles
10 cl d'eau
3 feuilles de gélatine (6 g)
150 g de sucre
20 cl de crème liquide
15 biscuits de Reims
80 g de gelée de groseilles
250 g de fruits rouges
au choix

BAVAROISE À LA GROSEILLE

❶ Trempez les feuilles de gélatine dans un grand volume d'eau froide. Montez la crème liquide en chantilly. Réservez-la au frais.

❷ Portez l'eau et le sucre à ébullition, ajoutez la gélatine. Versez sur les groseilles, mixez puis passez à la passoire fine. Incorporez délicatement la crème Chantilly.

❸ Versez la mousse à la groseille dans le moule. Découpez les biscuits de Reims à la taille du moule et disposez-les sur la mousse. Réservez la bavaroise pendant 2 heures au congélateur.

❹ Démoulez la bavaroise, placez-la sur une grille. Faites chauffer la gelée de groseilles de manière à ce qu'elle soit liquide (rajoutez si besoin un peu d'eau). Nappez la bavaroise avec la gelée. Garnissez le centre avec les fruits rouges. Laissez décongeler avant de déguster.

VARIANTE

Ajoutez des framboises dans la mousse.

TRUC DE PÂTISSIER

Vérifiez que le coulis de groseilles n'est pas trop chaud (moins de 35 °C) avant d'incorporer la crème Chantilly.

Pour 6 personnes
Préparation : 25 min
Congélation : 2 h
Difficulté : * *
Coût : moyen

2 saladiers
1 casserole
1 fouet
1 mixeur
1 passoire fine
1 moule en silicone
en forme de couronne
1 grille

250 g d'ananas
(1/3 d'ananas frais)
10 cl de jus de fruits
multivitaminé
3 feuilles de gélatine (6 g)
100 g de sucre
20 cl de crème liquide
15 biscuits à la cuillère
100 g de gelée d'abricots
1/2 ananas
1 mangue
1 kiwi
1 fruit de la passion

BAVAROISE AUX FRUITS EXOTIQUES

❶ Trempez la gélatine dans de l'eau froide. Montez la crème liquide en chantilly. Réservez-la au frais.

❷ Portez le jus de fruits et le sucre à ébullition, ajoutez la gélatine. Versez sur l'ananas, mixez puis passez à la passoire fine. Incorporez délicatement la crème Chantilly.

❸ Versez la mousse à l'ananas dans le moule. Coupez les biscuits à la cuillère à la taille du moule et disposez-les dessus. Réservez la bavaroise pendant 2 heures au congélateur.

❹ Démoulez la bavaroise, placez-la sur une grille. Faites chauffer la gelée d'abricots de manière à ce qu'elle soit liquide (rajoutez si besoin un peu d'eau). Nappez la bavaroise avec la gelée. Découpez l'ananas et le kiwi en triangles, la mangue en cubes. Garnissez le centre de la bavaroise avec les fruits coupés et les graines du fruit de la passion.

VARIANTE

Remplacez l'ananas de la mousse par du lait de coco.

TRUC DE PÂTISSIER

Si vous ne disposez pas d'un moule en silicone, chemisez votre moule avec du papier film.

GÂTEAU À L'ANANAS

Pour 6 personnes
Préparation : 15 min
Cuisson : 40 min
Difficulté : *
Coût : moyen

2 saladiers
1 fouet
1 moule à gâteau

150 g de beurre
220 g de farine
200 g de sucre
5 œufs
1 boîte d'ananas en tranches
1 c. à c. de levure

❶ Préchauffez le four à 200 °C (th. 6-7). Faites fondre le beurre au bain-marie (ou au micro-ondes). Dans un saladier, battez les œufs avec 150 g de sucre. Ajoutez la farine et la levure, puis incorporez le beurre.

❷ Saupoudrez le moule du restant de sucre, placez-le au four pendant 5 à 7 minutes jusqu'à ce que le sucre caramélise. Puis répartissez les tranches d'ananas au fond du moule, recouvrez avec la pâte. Baissez la température du four à 160 °C (th. 5-6), et faites cuire pendant 35 minutes environ.

GÂTEAU DE RIZ AU FRUIT DE LA PASSION

Pour 6 personnes
Préparation : 15 min
Cuisson : 1 h 20
Difficulté : * *
Coût : moyen

1 casserole
1 bol
1 fouet
1 moule à gâteau

1 gousse de vanille
1 l de lait + un peu pour la finition
200 g de riz rond
8 c. à s. de sirop au fruit de la Passion
100 g de sucre
4 jaunes d'œufs
30 g de beurre

❶ Portez le lait à ébullition avec la gousse de vanille fendue en 2 et grattée. Ajoutez le riz. Laissez cuire à feu très doux pendant 40 minutes environ en remuant régulièrement. Le lait doit être absorbé.

❷ Préchauffez le four à 170 °C (th. 5-6). Versez le sirop au fruit de la Passion dans le moule. Répartissez-le au fond et sur les parois.

❸ Dans le bol, battez les jaunes d'œufs avec le sucre. Incorporez au riz le beurre et le mélange jaunes d'œufs/sucre. Versez cette préparation dans le moule et rajoutez un peu de lait. Faites cuire 40 minutes environ. Laissez refroidir quelques minutes et démoulez.

GÂTEAU AU POTIRON ET À LA CANNELLE

Pour 6 personnes
Préparation : 20 min
Cuisson : 55 min
Difficulté : * *
Coût : bon marché

2 saladiers
1 bol
1 mixeur
1 fouet
1 cuit-vapeur
1 zesteur
1 batteur électrique
1 moule à gâteau

500 g de potiron
5 œufs
150 g de beurre
200 g de sucre
200 g de farine
1 citron bio
2 pincées de cannelle
1 pincée de sel
beurre - farine pour le moule

❶ Épluchez le potiron, retirez les graines, coupez-le en gros cubes. Faites-le cuire à la vapeur pendant 15 minutes environ. Égouttez-le puis mixez-le.

❷ Prélevez les zestes du citron. Faites fondre le beurre au micro-ondes. Préchauffez le four à 160 °C (th. 5-6).

❸ Séparez les blancs des jaunes d'œufs. Dans un saladier, battez les jaunes avec le sucre, le sel, la cannelle et les zestes du citron. Ajoutez la farine, la purée de potiron, puis le beurre fondu.

❹ Montez les blancs d'œufs en neige, incorporez-les délicatement au mélange précédent. Beurrez et farinez le moule. Versez la pâte dans le moule, enfournez pour 40 minutes environ.

VARIANTE

Ajoutez quelques noisettes dans la pâte.

TRUC DE PÂTISSIER

Afin de garder tous les arômes du potiron, vous pouvez le cuire directement au micro-ondes dans une boîte en plastique couverte (sans eau).

GÂTEAU AU CITRON, PAVOT ET LAIT RIBOT

Pour 10 personnes
Préparation : 25 min
Cuisson : 25 à 35 min
Difficulté : * *
Coût : bon marché

1 moule rond de 25 cm au maximum
1 bol
1 grille

125 g de beurre demi-sel mou
150 g de sucre de canne blond
le zeste d'1 citron
2 œufs
180 g de farine
2 cuil. à café rases de levure chimique
25 g de poudre d'amandes
2 cuil. à soupe bombées de graines de pavot
18 cl de lait ribot ou de lait fermenté
4 cuil. à soupe de jus de citron
beurre pour le moule

❶ Préchauffez le four à 180 °C (th. 6) ou à 165 °C (chaleur tournante). Beurrez le moule et mettez-le au frais.

❷ Dans un bol, mélangez le beurre, le sucre et le zeste, jusqu'à obtenir une consistance crémeuse. Incorporez les œufs un par un.

❸ Ajoutez la farine, la levure, la poudre d'amandes et les graines de pavot alternativement avec le lait ribot, sans cesser de remuer. Versez le jus de citron et mélangez à nouveau.

❹ Versez dans le moule et lissez la surface. Enfournez pour 25 à 35 minutes. Le gâteau doit être doré et une lame de couteau insérée au centre doit ressortir sèche. Laissez tiédir pendant 15 minutes, puis démoulez sur la grille.

VARIANTE

N'hésitez pas à préparer ce gâteau avec des zestes et du jus d'orange plutôt que de citron.

TRUC DE PÂTISSIER

Le lait ribot ou lait fermenté se trouve au rayon frais, dans toutes les grandes surfaces.

GÂTEAU AUX MARRONS

Pour 4 à 6 personnes
Préparation : 20 min
Cuisson : 40 min
Difficulté : * *
Coût : moyen

1 casserole
1 mixeur
1 poêle
1 moule à gâteau

600 g de châtaignes cuites en bocal
40 cl de lait
130 g de sucre semoule
1 gousse de vanille
2 œufs
2 c. à s. de rhum (facultatif)

❶ Versez les châtaignes dans une casserole, ajoutez le lait et la gousse de vanille fendue. Faites chauffer doucement jusqu'à ébullition. Retirez la vanille, puis mixez l'ensemble finement. Ajoutez 30 g de sucre, les œufs battus en omelette et éventuellement le rhum. Mélangez pour obtenir une pâte bien homogène. Préchauffez le four à 150 °C (th. 5).

❷ Faites caraméliser 100 g de sucre à sec dans une poêle à feu moyen. Lorsque le caramel est bien liquide, versez-le dans le fond du moule. Ajoutez la pâte. Enfournez pour 40 minutes. Démoulez lorsque le gâteau est bien froid. Servez accompagné de crème Chantilly.

GÂTEAU COCO

Pour 4 à 6 personnes
Préparation : 15 min
Cuisson : 50 min
Difficulté : * *
Coût : moyen

1 saladier
1 fouet
1 moule anneau

300 g de sucre semoule
12 jaunes d'œufs
40 g de beurre fondu + 20 g pour le moule
120 g de noix de coco râpée + 20 g pour la déco
15 cl de lait
1 pincée de sel

❶ Préchauffez le four à 210 °C (th. 7). Battez les jaunes d'œufs avec le sucre, le mélange doit être mousseux. Ajoutez la noix de coco et le sel, puis le lait et 40 g de beurre fondu. Mélangez bien. Beurrez généreusement le moule, versez la préparation.

❷ Placez le moule dans un bain-marie d'eau tiède et enfournez pour 50 minutes environ. Il faut que la surface soit bien dorée et que la pointe du couteau ressorte sèche lorsque vous piquez le flan. Décorez de noix de coco râpée et dégustez tiède.

Pour 6 personnes
Préparation : 25 min
Cuisson : 20 min
Réfrigération : 1 h
Difficulté : * * *
Coût : bon marché

1 casserole
3 saladiers
1 fouet
1 moule à génoise rond de 20 cm de diamètre
1 pinceau

Pour la génoise :
4 œufs
130 g de farine
100 g de sucre
5 cl de sirop à la framboise
beurre - farine pour le moule

Pour la crème :
200 g de crème pâtissière
1 gousse de vanille
150 g de beurre

Pour la garniture :
250 g de framboises
200 g de pâte d'amandes blanche

GÂTEAU D'ANNIVERSAIRE

1. Préchauffez le four à 180 °C (th. 6). Battez les œufs et le sucre dans un saladier. Placez-le dans un bain-marie, fouettez jusqu'à ce que le mélange triple de volume. Incorporez délicatement la farine. Beurrez et farinez le moule, versez la pâte. Enfournez 20 minutes. Démoulez immédiatement.

2. Découpez horizontalement la génoise en 3. Diluez le sirop à la framboise avec un peu d'eau, puis imbibez les 3 disques de génoise à l'aide d'un pinceau.

3. Fouettez la crème pâtissière avec la gousse de vanille grattée, de manière à la rendre lisse. Faites ramollir le beurre 30 secondes au micro-ondes, fouettez-le de manière à avoir une consistance homogène. Mélangez la crème pâtissière avec le beurre. Fouettez l'ensemble jusqu'à ce que le mélange double de volume.

4. Recouvrez 2 disques de génoise de crème, parsemez de framboises, disposez l'un par-dessus l'autre, ajoutez le troisième disque. Étalez finement la pâte d'amandes pour recouvrir le gâteau. Décorez avec quelques framboises. Laissez au moins 1 heure au réfrigérateur avant de servir.

VARIANTE

Remplacez les framboises par des griottines.

TRUC DE PÂTISSIER

La qualité du beurre a une grande importance pour obtenir une crème goûteuse.

Pour 6 personnes
Préparation : 25 min
Cuisson : 20 min
Difficulté : * * *
Coût : bon marché

2 saladiers
1 bol
1 casserole
1 fouet
1 moule à génoise rond de 20 cm de diamètre

Pour la génoise :
4 œufs
130 g de farine
100 g de sucre
beurre - farine pour le moule

Pour le sirop au café :
20 cl d'eau
50 g de sucre
1 c. à c. de café soluble

Pour la crème :
200 g de crème pâtissière
150 g de beurre
2 c. à c. d'extrait de café
125 g d'amandes effilées grillées

MOKA

❶ Préchauffez le four à 180 °C (th. 6). Battez les œufs et le sucre. Fouettez au bain-marie, le mélange doit tripler de volume. Incorporez délicatement la farine. Beurrez et farinez le moule, versez la pâte. Enfournez 20 minutes. Démoulez immédiatement.

❷ Portez l'eau et le sucre à ébullition avec le café soluble. Découpez horizontalement la génoise en 3, imbibez-la avec le sirop.

❸ Lissez au fouet la crème pâtissière avec l'extrait de café. Faites ramollir le beurre 30 secondes au micro-ondes, battez-le bien et intégrez-le à la crème pâtissière. Fouettez jusqu'à ce que le mélange double de volume.

❹ Recouvrez 2 disques de génoise avec la crème au café, disposez l'un par-dessus l'autre, posez le troisième disque. Recouvrez l'ensemble de crème au café, puis d'amandes effilées grillées.

VARIANTE

Remplacez l'extrait de café par de la réglisse.

TRUC DE PÂTISSIER

Faites vous-même la crème pâtissière : portez à ébullition 20 cl de lait, puis versez-les sur 2 jaunes d'œufs battus avec 40 g de sucre et 20 g de fécule de maïs. Portez le tout à ébullition. Réservez la crème au frais avant utilisation.

Pour 6 personnes
Préparation : 25 min
Cuisson : 25 min
Difficulté : * * *
Coût : moyen

1 casserole
2 saladiers
1 fouet
1 spatule
1 poche à douille cannelée
1 poche à douille unie
1 plaque de four
papier sulfurisé
1 pinceau

Pour la pâte à choux :
10 cl d'eau
10 cl de lait
1 pincée de sel
1 c. à c. de sucre
75 g de beurre
120 g de farine
3 œufs
50 g d'amandes effilées

Pour la crème au praliné :
150 g de crème pâtissière
50 g de praliné
100 g de beurre

PARIS-BREST

❶ Portez à ébullition l'eau et le lait avec le beurre, le sucre et le sel. Ajoutez la farine en une seule fois, mélangez vigoureusement, desséchez la pâte quelques secondes, elle doit se détacher de la casserole. Hors du feu, incorporez les œufs un à un à la spatule. Préchauffez le four à 170 °C (th. 5-6).

❷ Sur une plaque recouverte de papier sulfurisé, déposez une couronne de 20 cm de diamètre à l'aide d'une poche à douille unie. Lissez avec un peu d'eau au pinceau, parsemez d'amandes. Enfournez 25 minutes environ.

❸ Lissez au fouet la crème pâtissière avec le praliné. Faites ramollir le beurre 30 secondes au micro-ondes, battez-le bien et intégrez-le à la crème. Fouettez l'ensemble, le mélange doit doubler de volume.

❹ Coupez le paris-brest en 2. Garnissez-le avec la poche à douille cannelée.

VARIANTE

Garnissez le paris-brest de crème glacée à la noisette et servez immédiatement.

TRUC DE PÂTISSIER

Pour dresser la pâte à choux, tracez un cercle sur le papier sulfurisé. À l'aide d'une poche à douille, réalisez un premier cercle à l'intérieur de la marque, puis un deuxième à l'extérieur, et un dernier sur les deux premiers. Vous obtiendrez ainsi, après cuisson, une belle couronne.

Pour 6 personnes
Préparation : 20 min
Cuisson : 20 min
Difficulté : * * *
Coût : moyen

4 saladiers
1 fouet
1 batteur électrique
papier sulfurisé
1 poche à douille

Pour le biscuit :
100 g de sucre glace
100 g de poudre de noisettes
3 blancs d'œufs
40 g de sucre
50 g de noisettes

Pour la crème :
150 g de crème pâtissière
50 g de praliné
10 cl de crème liquide
1 feuille de gélatine
sucre glace

SUCCÈS À LA NOISETTE

❶ Trempez la gélatine dans de l'eau froide. Concassez les noisettes. Préchauffez le four à 180 °C (th. 6).

❷ Dans un saladier, mélangez la poudre de noisettes avec le sucre glace. Dans un autre saladier, montez les blancs d'œufs en neige, puis ajoutez le sucre. Versez le premier mélange en pluie sur les blancs. Découpez 2 cercles de 20 cm de diamètre de papier sulfurisé. Garnissez la poche à douille avec la pâte, confectionnez 2 disques. Parsemez les biscuits de noisettes. Enfournez 20 minutes environ.

❸ Montez la crème liquide en chantilly. Lissez au fouet la crème pâtissière avec le praliné, ajoutez la gélatine fondue au micro-ondes (30 secondes). Incorporez délicatement la chantilly.

❹ À l'aide d'une poche à douille, recouvrez le premier disque de crème au praliné, posez le deuxième disque, saupoudrez de sucre glace.

VARIANTE

Ajoutez 80 g de chocolat au lait fondu dans la crème pâtissière.

TRUC DE PÂTISSIER

Réalisez ce gâteau la veille, il sera plus fondant.

Pour 6 personnes
Préparation : 20 min
Repos : 20 min
Cuisson : 40 à 45 min
Difficulté : * *
Coût : bon marché

1 économe
1 râpe
1 zesteur
1 presse-agrumes
1 saladier
1 moule rond à bords hauts (à charlotte par exemple)

200 g de pain sec ou de chutes de gâteau
100 g de raisins secs
1 tasse de thé chaud
25 g d'écorces d'oranges confites
50 g de cerises confites
1 orange non traitée
1 pomme
2 œufs
100 g de sucre semoule
50 g de beurre + pour le moule
1/2 l de lait
1 cuil. à café rase de quatre-épices
1 pincée de sel

PUDDING

❶ Pelez et râpez finement la pomme. Zestez l'orange et hachez finement le zeste. Pressez l'orange. Réhydratez les raisins dans le thé pendant 10 minutes.

❷ Faites fondre le beurre, mélangez-le au lait et au jus d'orange. Ajoutez les œufs battus en omelette, le sucre et le quatre-épices.

❸ Mettez à tremper les morceaux de pain dans le mélange liquide pendant 10 minutes. Préchauffez le four à 180 °C (th. 6).

❹ Ajoutez la pomme, les raisins secs et les fruits confits dans le mélange de pain. Versez le tout dans un moule beurré. Enfournez pour 40 à 45 minutes.

VARIANTE

Pour une version plus anglo-saxonne, ajoutez 3 cuillerées à soupe de whisky dans le mélange liquide.

TRUC DE PÂTISSIER

Coupez les morceaux de pain en petits dés ou râpez-les pour obtenir un pudding bien imbibé.

SAINT-HONORÉ

Pour 4 à 6 personnes
Préparation : 40 min
Cuisson : 35 min
Difficulté : * * *
Coût : moyen

2 bols
2 casseroles
1 fouet
1 batteur
1 plat
1 tamis
papier sulfurisé
1 poche à douille + 1 douille à saint-honoré

1 pâte brisée
12 à 15 petits choux (recette p. 102)
1 l de lait
1 gousse de vanille
350 g de sucre
3 œufs
60 g de farine
40 g de fécule de maïs
3 feuilles de gélatine
25 cl de crème liquide

❶ Réhydratez la gélatine dans de l'eau froide. Faites chauffer le lait à feu moyen avec 50 g de sucre et les graines de la gousse de vanille. Dans un bol, fouettez les œufs avec 200 g de sucre jusqu'à ce qu'ils soient bien mousseux puis ajoutez la farine tamisée et la fécule. Versez le lait chaud, délayez petit à petit et remettez à cuire à feu moyen en remuant constamment jusqu'à ce que la crème épaississe et commence à bouillonner. Retirez du feu, intégrez la gélatine essorée. Versez dans un plat et laissez refroidir complètement.

❷ Fouettez la crème liquide en chantilly. Travaillez la crème pâtissière pour qu'elle devienne onctueuse, puis intégrez dedans la crème fouettée. Préchauffez le four à 180 °C (th. 6). Découpez un cercle de pâte brisée de 18 cm de diamètre. Piquez avec une fourchette. Faites-le cuire à blanc sur une feuille de papier sulfurisé pendant 20 minutes jusqu'à ce qu'il soit blond. Laissez refroidir.

❸ Garnissez les choux de crème. Réalisez un caramel à sec en faisant fondre 100 g de sucre dans une casserole à feu moyen. Lorsque le caramel est doré, retirez du feu et plongez-y rapidement la base de chaque chou puis collez-les sur le pourtour de la pâte brisée. À la fin, nappez chaque chou du reste de caramel.

❹ Garnissez le centre du saint-honoré de crème à l'aide de la poche munie de la douille à saint-honoré.

VARIANTE

Pour un saint-honoré au praliné, ajoutez 3 cuillerées à soupe de pâte de praliné à la crème en fin de cuisson.

TRUC DE PÂTISSIER

Si votre caramel fige trop vite, remettez-le quelques secondes sur le feu.

Pour 6 personnes
Préparation : 30 min
Cuisson : 10 min
Réfrigération : 1 h
Difficulté : * *
Coût : moyen

1 torchon propre
1 casserole
1 batteur
1 fouet
1 spatule
1 thermomètre à sucre

1 feuille de génoise nature (voir truc de pâtissier p. 20)
100 g de sucre
4 jaunes d'œufs
200 g de beurre
3 cuil. à soupe de pâte de praliné
50 g de pralin

BÛCHE AU PRALINÉ

❶ Retirez la feuille de génoise du four. Déposez un torchon propre légèrement humide dessus. Faites-la refroidir complètement. Retirez délicatement la feuille de papier sulfurisé. Déposez le torchon humide sur la feuille de génoise, puis roulez-la sur elle-même pour lui donner la forme d'une bûche.

❷ Faites chauffer le sucre avec 5 cl d'eau jusqu'à 117 °C. Au batteur, fouettez les jaunes d'œufs, versez délicatement le sucre cuit en continuant à battre pour obtenir un mélange mousseux. Laissez refroidir complètement. Travaillez le beurre en pommade au fouet, puis intégrez le mélange aux œufs en fouettant énergiquement. Aromatisez avec la pâte de praliné.

❸ Déroulez délicatement la feuille de génoise, puis garnissez-la de la moitié de la crème au praliné. Roulez-la sur elle-même.

❹ Recouvrez intégralement la bûche de crème au praliné. À l'aide d'une petite spatule, travaillez la crème pour imiter l'écorce de bois. Saupoudrez de pralin. Réfrigérez 1 heure.

VARIANTE

Pour une bûche au café, remplacez la pâte de praliné par 3 cuillerées à soupe d'extrait de café et le pralin par des grains de café en chocolat.

TRUC DE PÂTISSIER

Il faut bien humidifier le torchon qui sert à rouler la génoise sur elle-même, sinon elle aura tendance à se casser.

Pour 6/8 personnes
préparation : 20 min
Cuisson : 55 min
Réfrigération : 2 h
Difficulté : * *
Coût : bon marché

1 zesteur - 1 casserole
1 presse-agrumes
2 saladiers
1 fouet - 1 batteur
1 moule à manqué
de 23-24 cm

1 orange amère (bigarade)
1 orange bio
50 g d'oranges confites
4 œufs - 140 g de sucre
125 g de beurre + 20 g pour le moule
1 pincée de sel
120 g de farine
40 cl de lait entier

GÂTEAU MAGIQUE À L'ORANGE

❶ Zestez l'orange amère et amenez à ébullition le lait avec le zeste. Laissez refroidir. Pressez l'orange et coupez les oranges confites en très fines lanières. Préchauffez le four à 150 °C (th. 5) et beurrez généreusement le moule. Séparez les blancs des jaunes d'œufs. Fouettez les jaunes avec le sucre jusqu'à ce que le mélange mousse et blanchisse. Ajoutez le beurre fondu, le sel, la farine, le jus d'orange et le lait sans le zeste. Battez les blancs en neige très ferme, puis mélangez-les délicatement à la pâte à l'aide d'un fouet, sans les « casser ».

❷ Disposez les lanières d'oranges confites au fond du moule et versez la préparation par-dessus. Lissez et égalisez la surface avec la lame d'un grand couteau et enfournez pour près de 50 minutes. Le gâteau doit rester légèrement tremblotant au milieu. Laissez refroidir puis mettez au frais 2 heures avant de démouler.

Pour 6/8 personnes
Préparation : 30 min
Cuisson : 1 h 45
Réfrigération : 2 h
Difficulté : * *
Coût : bon marché

2 saladiers - 1 fouet
1 batteur - 1 plaque
1 zesteur
1 presse-agrumes
1 moule à manqué
de 23-24 cm

3 gros pamplemousses roses bio - 5 c. à s. de sucre glace - 4 œufs - 150 g de sucre - 125 g de beurre + 20 g pour le moule + 20 g pour la plaque - 1 pincée de sel - 120 g de farine
40 cl de lait entier

GÂTEAU MAGIQUE PAMPLEMOUSSE CARAMÉLISÉ

❶ Préchauffez le four à 150 °C (th. 5). Avec un couteau aiguisé, épluchez à vif 2 pamplemousses et coupez la chair en belles tranches. Enlevez les pépins. Beurrez la plaque à four, rangez les tranches de pamplemousses et saupoudrez-les de sucre glace. Laissez cuire près de 45 minutes. Augmentez la température à 220 °C (th. 7/8) et laissez encore 10 minutes pour les faire caraméliser. Râpez le zeste du dernier pamplemousse et pressez-le.

❷ Séparez les blancs des jaunes d'œufs. Fouettez les jaunes avec le sucre jusqu'à ce que le mélange mousse et blanchisse, puis intégrez le beurre fondu, le sel, la farine, le zeste et le jus de pamplemousse et le lait. Battez les blancs en neige très ferme, puis mélangez-les délicatement à la pâte à l'aide d'un fouet, sans les « casser ». Versez dans le moule bien beurré. Lissez avec la lame d'un couteau et enfournez pour 50 minutes environ. Le gâteau doit rester tremblotant au milieu. Laissez refroidir puis mettez au frais 2 heures. Démoulez et décorez avec les tranches de pamplemousse caramélisées.

Pour 6 personnes
Préparation : 15 min
Cuisson : 25 min
Réfrigération : 2 h
Difficulté : * *
Coût : bon marché

2 saladiers
1 fouet
1 batteur électrique
6 moules à muffin
de 5-6 cm

90 g de beurre
+ 20 g pour les moules
100 g de baies noires
(myrtilles, cassis, mûres)
3 œufs
90 g de sucre
1 pincée de sel
90 g de farine
35 cl de lait entier

MUFFINS MAGIQUES AUX BAIES NOIRES

❶ Préchauffez le four en chaleur traditionnelle à 150 °C (th. 5) et beurrez généreusement les moules. Triez les baies et écrasez-les légèrement ou coupez-les en deux. Répartissez-les dans les moules.

❷ Faites fondre le beurre. Séparez les blancs des jaunes d'œufs. Battez les jaunes avec le sucre jusqu'à ce que le mélange mousse et blanchisse. Ajoutez le beurre fondu, le sel, la farine et le lait.

❸ Battez les blancs en neige très ferme, puis mélangez-les délicatement à la pâte à l'aide d'un fouet, sans les « casser ». Comme la pâte est très liquide, une grande partie des blancs va remonter : veillez à ne pas les intégrer complètement dans la préparation, il doit rester des petits grumeaux en surface.

❹ Répartissez la préparation sur les fruits et enfournez pour 25 minutes environ. Laissez refroidir, puis mettez au frais au moins 2 heures avant de démouler.

VARIANTE

Préparez des muffins magiques à la cerise, aux framboises… et ajoutez des pépites de chocolat.

TRUC DE PÂTISSIER

Utilisez des moules en silicone pour un démoulage parfait.

GÂTEAU MAGIQUE FRAISES TAGADA®

Pour 6/8 personnes
Préparation : 20 min
Cuisson : 50 min
Réfrigération : 2 h
Difficulté : * *
Coût : bon marché

2 saladiers
1 fouet - 1 batteur
1 moule à manqué
de 23-24 cm

4 œufs - 160 g de sucre
125 g de beurre + 20 g pour le moule
1 pincée de sel - 120 g de farine - 50 cl de lait entier
10 belles fraises
10 bonbons fraise
Pour décorer :
chantilly - fraises (fruits et bonbons) - vermicelles multicolores

❶ Préchauffez le four à 150 °C (th. 5) et beurrez généreusement le moule. Faites fondre les bonbons fraise dans le lait. Séparez les blancs des jaunes d'œufs. Fouettez les jaunes avec le sucre jusqu'à ce que le mélange mousse et blanchisse. Ajoutez le beurre fondu, le sel, la farine et le lait.

❷ Battez les blancs en neige très ferme, puis mélangez-les délicatement à la pâte à l'aide d'un fouet, sans les « casser ». Veillez à ne pas les intégrer complètement dans la préparation, il doit rester des petits grumeaux en surface.

❸ Tranchez les fraises et disposez-les en rosace au fond du moule. Versez la préparation par-dessus. Lissez et égalisez la surface avec la lame d'un grand couteau et enfournez pour près de 50 minutes. Le gâteau doit rester légèrement tremblotant au milieu. Laissez refroidir puis mettez au frais 2 heures avant de démouler. Décorez de chantilly, bonbons fraise, fruits et vermicelles.

GÂTEAU MAGIQUE MARSHMALLOWS

Pour 6 personnes
Préparation : 20 min
Cuisson : 55 min
Réfrigération : 2 h
Difficulté : * *
Coût : bon marché

1 casserole - 2 saladiers
1 fouet - 1 batteur
1 moule à manqué
de 23-24 cm

50 cl de lait entier
120 g de bonbons à la guimauve
4 œufs - 30 g de sucre
125 g de beurre + 20 g pour le moule
1 pincée de sel
120 g de farine
Pour décorer :
50 g de barbe à papa

❶ Préchauffez le four à 150 °C (th. 5) et beurrez généreusement le moule. Faites chauffer le lait et les bonbons à la guimauve pour les faire fondre. Séparez les blancs des jaunes d'œufs. Fouettez les jaunes avec le sucre jusqu'à ce que le mélange mousse et blanchisse. Ajoutez le beurre fondu, le sel, la farine et le lait à la guimauve.

❷ Battez les blancs en neige très ferme, puis mélangez-les délicatement à la pâte à l'aide d'un fouet, sans les « casser ». Comme la pâte est très liquide, une grande partie des blancs va remonter : veillez à ne pas les intégrer complètement dans la préparation, il doit rester des petits grumeaux en surface. Versez dans le moule. Lissez et égalisez avec la lame d'un grand couteau et enfournez pour près de 55 minutes. Le gâteau doit rester légèrement tremblotant au milieu. Laissez refroidir puis mettez au frais 2 heures. Démoulez et décorez de barbe à papa.

Pour 6 personnes
Préparation : 20 min
Cuisson : 55 min
Réfrigération : 2 h
Difficulté : * *
Coût : bon marché

1 casserole
2 saladiers
1 fouet
1 batteur électrique
1 moule à manqué
de 23-24 cm

6 toffees (caramels anglais)
1 banane bien mûre
50 g de Smarties®
4 œufs
90 g de sucre
125 g de beurre + 20 g pour le moule
1 pincée de sel
100 g de farine
50 cl de lait entier

Pour décorer :
caramel liquide
chantilly

BANOFFEE AUX SMARTIES®

❶ Préchauffez le four à 150 °C (th. 5) et beurrez généreusement le moule. Faites fondre les toffees dans le lait et écrasez la banane. Concassez les Smarties®.

❷ Séparez les blancs des jaunes d'œufs. Fouettez les jaunes avec le sucre jusqu'à ce que le mélange mousse et blanchisse. Ajoutez le beurre fondu, le sel, la farine, les Smarties® concassés, la banane écrasée et le lait.

❸ Battez les blancs en neige très ferme, puis mélangez-les délicatement à la pâte à l'aide d'un fouet, sans les « casser ». Comme la pâte est très liquide, une grande partie des blancs va remonter : veillez à ne pas les intégrer complètement dans la préparation, il doit rester des petits grumeaux en surface.

❹ Versez la préparation dans le moule. Lissez et égalisez avec la lame d'un grand couteau et enfournez pour près de 50 minutes. Le gâteau doit rester légèrement tremblotant au milieu. Il se fige après une réfrigération de 2 heures environ. Démoulez et surmontez de caramel et de chantilly.

VARIANTE

N'hésitez pas à innover avec vos friandises favorites !

TRUC DE PÂTISSIER

Le banoffee, si gourmand, est très riche avec ses bananes, caramels et friandises... servez de petites parts !

Pour 6/8 personnes
Préparation : 20 min
Cuisson : 50 min
Réfrigération : 2 h
Difficulté : * *
Coût : bon marché

2 saladiers
1 fouet - 1 batteur
papier sulfurisé (facultatif)
1 moule à manqué
de 23-24 cm

125 g de beurre + 20 g pour le moule
4 œufs - 140 g de sucre
1 pincée de sel
120 g de farine
20 cl de crème liquide
4 c. à s. de dulce de leche
20 cl de lait entier

GÂTEAU MAGIQUE *DULCE DE LECHE*

❶ Préchauffez le four à 150 °C (th. 5) et beurrez généreusement le moule ou tapissez-le de papier sulfurisé. Séparez les blancs des jaunes d'œufs. Fouettez les jaunes avec le sucre jusqu'à obtenir un ruban mousseux et blanchâtre. Ajoutez le beurre fondu, le sel, la farine, la crème liquide, le *dulce de leche* et le lait.

❷ Battez les blancs en neige très ferme, puis mélangez-les délicatement à la pâte à l'aide d'un fouet, sans les « casser ». Veillez à ne pas les intégrer complètement dans la préparation, il doit rester des petits grumeaux en surface. Versez dans le moule. Lissez et égalisez la surface avec la lame d'un grand couteau et enfournez pour près de 50 minutes. Le gâteau doit rester légèrement tremblotant au milieu. Laissez refroidir puis mettez au frais 2 heures avant de démouler.

Pour 6/8 personnes
Préparation : 30 min
Cuisson : 1 h
Réfrigération : 2 h
Difficulté : * *
Coût : bon marché

1 casserole - 1 mixeur
2 saladiers - 1 fouet
1 batteur
1 moule à manqué
de 23-24 cm

40 g de beurre de cacahuètes
10 cl de lait concentré sucré
40 cl de lait entier
100 g de spéculoos
4 œufs - 2 c. à s. de sucre
75 g de beurre demi-sel
50 g de farine - 20 g de beurre pour le moule

GÂTEAU MAGIQUE SPÉCULOOS

❶ Versez le beurre de cacahuètes et le lait concentré sucré dans le lait et mélangez à feu moyen pour faire fondre l'ensemble. Mixez finement les spéculoos. Préchauffez le four à 150 °C (th. 5) et beurrez généreusement le moule. Séparez les blancs des jaunes d'œufs. Battez le sucre avec les jaunes puis avec le beurre demi-sel fondu, les spéculoos, la farine et le lait au beurre de cacahuètes.

❷ Battez les blancs en neige très ferme, puis mélangez-les délicatement à la pâte à l'aide d'un fouet, sans les « casser ». Veillez à ne pas les intégrer complètement dans la préparation, il doit rester des petits grumeaux en surface.

❸ Versez dans le moule. Lissez la surface avec la lame d'un grand couteau et enfournez pour près de 55 minutes. Le gâteau doit rester légèrement tremblotant au milieu. Laissez refroidir puis mettez au frais 2 heures avant de démouler.

Pour 6/8 personnes
Préparation : 15 min
Cuisson : 55 min
Réfrigération : 2 h
Difficulté : * *
Coût : bon marché

2 saladiers
1 fouet
1 batteur électrique
1 moule à manqué
de 23-24 cm

125 g de beurre + 20 g pour le moule
4 œufs
120 g de miel liquide
1 pincée de sel
120 g de farine
50 cl de lait entier

GÂTEAU MAGIQUE AU MIEL

❶ Faites fondre le beurre. Préchauffez le four en chaleur traditionnelle à 150 °C (th. 5) et beurrez généreusement le moule.

❷ Séparez les blancs des jaunes d'œufs. Ajoutez le miel et 1 cuillerée à soupe d'eau aux jaunes et battez jusqu'à ce que le mélange mousse et blanchisse. Intégrez ensuite le beurre fondu, le sel, la farine et le lait.

❸ Battez les blancs en neige très ferme, puis mélangez-les délicatement à la pâte à l'aide d'un fouet, sans les « casser ». Comme la pâte est très liquide, une grande partie des blancs va remonter : veillez à ne pas les intégrer complètement dans la préparation, il doit rester des petits grumeaux en surface.

❹ Versez dans le moule. Lissez et égalisez la surface avec la lame d'un grand couteau et enfournez pour près de 55 minutes. Lorsque vous retirez le gâteau du four, il doit être encore tremblotant au centre. Il se fige après une réfrigération de 2 heures environ. Il est alors temps de le démouler.

VARIANTE

Remplacez le miel par du sirop d'érable, du sirop de sucre de canne ou d'agave.

TRUC DE PÂTISSIER

Si votre miel est un peu vieux et qu'il s'est cristallisé, réchauffez-le doucement au bain-marie avant de l'utiliser.

Pour 6/8 personnes
Préparation : 20 min
Cuisson : 55 min
Réfrigération : 2 h
Difficulté : * *
Coût : bon marché

2 saladiers
1 fouet
1 batteur électrique
1 casserole
1 moule à manqué
de 23-24 cm

4 œufs
140 g de sucre
125 g de beurre + 20 g pour le moule
100 g de chocolat noir
1 pincée de sel
120 g de farine
50 cl de lait entier

Pour décorer :
100 g de chocolat noir
20 cl de crème fluide

GÂTEAU MAGIQUE DOUBLE CHOCOLAT

❶ Préchauffez le four à 150 °C (th. 5) et beurrez généreusement le moule. Séparez les blancs des jaunes d'œufs. Fouettez les jaunes avec le sucre jusqu'à ce que le mélange mousse et blanchisse. Ajoutez le beurre et le chocolat fondus, le sel, la farine et le lait.

❷ Battez les blancs en neige très ferme, puis mélangez-les délicatement à la pâte à l'aide d'un fouet, sans les « casser ». Comme la pâte est très liquide, une grande partie des blancs va remonter : veillez à ne pas les intégrer complètement dans la préparation, il doit rester des petits grumeaux en surface.

❸ Versez la préparation dans le moule. Lissez et égalisez la surface avec la lame d'un grand couteau et enfournez pour près de 55 minutes. Retirez le gâteau encore légèrement tremblotant au centre. Laissez refroidir et mettez au frais au moins 2 heures.

❹ Faites fondre le chocolat et ajoutez la crème liquide. Mélangez pour obtenir une ganache bien fluide et versez sur le gâteau démoulé.

VARIANTE

Remplacez le chocolat noir par 50 g de cacao.

TRUC DE PÂTISSIER

La durée de la cuisson peut varier légèrement selon les fours. Si le gâteau est vraiment trop mou au centre, comptez 5, voire 10 minutes de plus.

Pour 6 personnes
Préparation : 20 min
Cuisson : 50 min
Réfrigération : 2 h
Difficulté : * *
Coût : bon marché

2 saladiers
1 fouet
1 batteur électrique
1 moule à manqué
de 23-24 cm

125 g de beurre + 20 g pour le moule
70 g de chocolat noir
4 œufs - 140 g de sucre
1 pincée de sel
120 g de farine
50 cl de lait entier
1 sachet de sucre vanillé

GÂTEAU MAGIQUE MARBRÉ

❶ Faites fondre le beurre, puis le chocolat à part. Préchauffez le four en chaleur traditionnelle à 150 °C (th. 5) et beurrez généreusement le moule. Séparez les blancs des jaunes d'œufs. Battez les jaunes avec le sucre jusqu'à ce que le mélange mousse et blanchisse. Ajoutez le beurre, le sel, la farine et le lait.

❷ Séparez l'appareil en deux et incorporez dans le premier le sucre vanillé, dans le second le chocolat fondu. Battez les blancs en neige très ferme puis mélangez-les délicatement aux deux parties vanillée et chocolatée à l'aide d'un fouet, sans les « casser ».

❸ Versez la préparation à la vanille dans le moule, puis celle au chocolat. Lissez et égalisez la surface avec la lame d'un grand couteau et enfournez pour près de 50 minutes. Retirez le gâteau encore légèrement tremblotant au centre et laissez-le refroidir avant de réfrigérer 2 heures.

Pour 6 personnes
Préparation : 20 min
Cuisson : 50 min
Réfrigération : 2 h
Difficulté : * *
Coût : bon marché

2 saladiers - 1 fouet
1 batteur électrique
1 moule à manqué
de 23-24 cm

125 g de beurre + 20 g pour le moule
4 œufs - 160 g de sucre
1 pincée de sel
120 g de farine
1 cuil. à soupe de cacao
1 pincée de poivre noir
1 pincée de clou de girofle en poudre
50 cl de lait entier

GÂTEAU MAGIQUE CACAO ÉPICÉ

❶ Faites fondre le beurre. Préchauffez le four en chaleur traditionnelle à 150 °C (th. 5) et beurrez généreusement le moule. Séparez les blancs des jaunes d'œufs. Battez les jaunes avec le sucre jusqu'à ce que le mélange mousse et blanchisse. Ajoutez le beurre, le sel, la farine, le cacao, le poivre, le clou de girofle et le lait. Battez les blancs en neige très ferme, puis mélangez-les délicatement au mélange précédent à l'aide d'un fouet, sans les « casser ». Veillez à ne pas les intégrer complètement dans la préparation, il doit rester des petits grumeaux en surface.

❷ Versez la préparation dans le moule. Lissez et égalisez la surface avec la lame d'un grand couteau et enfournez pour près de 50 minutes. Lorsque vous retirez le gâteau du four, il doit être encore tremblotant au centre. Mettez au frais au moins 2 heures avant de démouler.

Pour 6/8 personnes
Préparation : 20 min
Cuisson : 55 min
Réfrigération : 2 h
Difficulté : * *
Coût : bon marché

2 saladiers
1 fouet
1 batteur électrique
1 moule à manqué
de 23-24 cm

1 ananas bien sucré
150 g de beurre + 20 g pour le moule
2 cuil. à soupe de cassonade
4 œufs
160 g de sucre
1 pincée de sel
120 g de farine
50 cl de lait entier

GÂTEAU MAGIQUE ANANAS

❶ Épluchez l'ananas et coupez-le en 9 rondelles. Faites-les cuire à la poêle 5 minutes dans 25 g de beurre à feu moyen, puis saupoudrez de cassonade et laissez caraméliser 2 à 3 minutes. Beurrez généreusement le moule et disposez harmonieusement 6 rondelles d'ananas au fond.

❷ Faites fondre 125 g de beurre. Préchauffez le four en chaleur traditionnelle à 150 °C (th. 5).

❸ Séparez les blancs des jaunes d'œufs. Battez les jaunes avec le sucre jusqu'à ce que le mélange mousse et blanchisse. Ajoutez le beurre fondu, le sel, la farine et le lait. Battez les blancs en neige très ferme, puis mélangez-les délicatement à la pâte à l'aide d'un fouet, sans les « casser ». Comme la pâte est très liquide, une grande partie des blancs va remonter : veillez à ne pas les intégrer complètement dans la préparation, il doit rester des petits grumeaux en surface.

❹ Versez la préparation dans le moule. Lissez et égalisez la surface avec la lame d'un grand couteau et enfournez pour près de 50 minutes. Lorsque vous retirez le gâteau du four, il doit être encore tremblotant au centre. Il se fige après une réfrigération de 2 heures environ. Il est alors temps de le démouler et de le décorer avec les 3 rondelles d'ananas réservées.

VARIANTE

Arrosez le gâteau d'un peu de rhum et colorez-le au chalumeau. Servez avec une petite compotée d'ananas.

TRUC DE PÂTISSIER

Pour aller plus vite, vous pouvez utiliser des rondelles d'ananas au sirop soigneusement égouttées.

Pour 6/8 personnes
Préparation : 20 min
Cuisson : 50 min
Réfrigération : 2 h
Difficulté : * *
Coût : bon marché

2 saladiers
1 fouet
1 batteur
1 moule à manqué
de 23-24 cm

1 grosse banane bien mûre
4 œufs - 150 g de sucre
125 g de beurre + 20 g pour le moule
1 pincée de sel
3 c. à s. de noix de coco en poudre
100 g de farine
50 cl de lait entier

GÂTEAU MAGIQUE BANANE-COCO

❶ Préchauffez le four à 150 °C (th. 5) et beurrez généreusement le moule. Écrasez la banane en purée. Séparez les blancs des jaunes d'œufs. Fouettez les jaunes avec le sucre jusqu'à ce que le mélange mousse et blanchisse. Ajoutez le beurre fondu, le sel, la banane, la noix de coco, la farine et le lait.

❷ Battez les blancs en neige très ferme, puis mélangez-les délicatement à la pâte à l'aide d'un fouet, sans les « casser ». Veillez à ne pas les intégrer complètement dans la préparation, il doit rester des petits grumeaux en surface.

❸ Versez dans le moule. Lissez et égalisez la surface avec la lame d'un grand couteau et enfournez pour près de 50 minutes. Le gâteau doit rester légèrement tremblotant au milieu. Mettez au frais 2 heures avant de démouler.

Pour 6/8 personnes
Préparation : 20 min
Cuisson : 50 min
Réfrigération : 2 h
Difficulté : * *
Coût : bon marché

2 saladiers
1 bol
1 fouet
1 batteur
1 moule à manqué
de 23-24 cm

60 g de raisins sultana
3 c. à s. de rhum
4 œufs - 160 g de sucre
125 g de beurre + 20 g pour le moule
1 pincée de sel
120 g de farine
50 cl de lait entier

GÂTEAU MAGIQUE RHUM-RAISINS

❶ Faites macérer 15 minutes les raisins secs dans un bol avec le rhum. Préchauffez le four à 150 °C (th. 5) et beurrez généreusement le moule. Séparez les blancs des jaunes d'œufs. Fouettez les jaunes avec le sucre jusqu'à ce que le mélange mousse et blanchisse. Ajoutez le beurre fondu, le sel, la farine, les raisins secs gonflés et le lait.

❷ Battez les blancs en neige très ferme, puis mélangez-les délicatement à la pâte à l'aide d'un fouet, sans les « casser ». Veillez à ne pas les intégrer complètement dans la préparation, il doit rester des petits grumeaux en surface. Versez dans le moule. Lissez et égalisez la surface avec la lame d'un grand couteau et enfournez pour près de 50 minutes. Le gâteau doit rester légèrement tremblotant au milieu. Mettez au frais 2 heures avant de démouler.

Pour 6 personnes
Préparation : 25 min
Cuisson : 1 h 05
Réfrigération : 2 à 3 h
Difficulté : * *
Coût : bon marché

1 économe
1 poêle
2 saladiers
1 fouet
1 batteur électrique
1 moule à manqué
de 23-24 cm

125 g de beurre + 20 g pour le moule
2 pommes
2 cuil. à soupe de cassonade
1 cuil. à café de cannelle en poudre
4 œufs
150 g de sucre
1 pincée de sel
120 g de farine
50 cl de lait entier

GÂTEAU MAGIQUE POMMES-CANNELLE

❶ Préchauffez le four en chaleur traditionnelle à 150 °C (th. 5) et beurrez généreusement le moule. Épluchez et épépinez les pommes et tranchez-les très finement. Faites-les revenir dans 20 g de beurre à feu moyen 5 à 7 minutes et, dès qu'elles sont cuites, saupoudrez de cassonade et de cannelle, puis laissez caraméliser 3 minutes. Répartissez la moitié des pommes au fond du moule.

❷ Faites fondre le reste de beurre. Séparez les blancs des jaunes d'œufs. Battez les jaunes avec le sucre jusqu'à ce que le mélange mousse et blanchisse. Ajoutez le beurre fondu, le sel, la farine et le lait.

❸ Battez les blancs en neige très ferme, puis mélangez-les délicatement à la pâte à l'aide d'un fouet, sans les « casser ». Comme la pâte est très liquide, une grande partie des blancs va remonter : veillez à ne pas les intégrer complètement dans la préparation, il doit rester des petits grumeaux en surface.

❹ Versez le mélange dans le moule, lissez la surface avec la lame d'un grand couteau et enfournez pour 55 minutes. Lorsque vous retirez le gâteau du four, il doit être tremblotant au centre. Laissez refroidir puis mettez 2 à 3 heures au frais. Démoulez-le et décorez-le avec le reste des morceaux de pommes.

VARIANTE

Arrosez le gâteau d'un peu de rhum et colorez-le au chalumeau.

TRUC DE PÂTISSIER

Servez avec une compotée de poires ou de la glace à la vanille.

Pour 6/8 personnes
Préparation : 20 min
Cuisson : 50 min
Réfrigération : 2 h
Difficulté : * *
Coût : bon marché

2 saladiers
1 fouet
1 batteur électrique
1 moule à manqué
de 23-24 cm

125 g de beurre + 20 g pour le moule
4 œufs
160 g de sucre
1 pincée de sel
120 g de farine
1 sachet de sucre vanillé
30 cl de lait entier
20 cl de lait de coco
125 g de framboises

GÂTEAU MAGIQUE FRAMBOISES-LAIT DE COCO

❶ Préchauffez le four en chaleur traditionnelle à 150 °C (th. 5) et beurrez généreusement le moule.

❷ Faites fondre le beurre. Séparez les blancs des jaunes d'œufs. Battez les jaunes avec le sucre jusqu'à ce que le mélange mousse et blanchisse. Ajoutez le beurre fondu, le sel, la farine, le sucre vanillé, le lait entier et le lait de coco.

❸ Battez les blancs en neige très ferme, puis mélangez-les délicatement à la pâte à l'aide d'un fouet, sans les « casser ». Comme la pâte est très liquide, une grande partie des blancs va remonter : veillez à ne pas les intégrer complètement dans la préparation, il doit rester des petits grumeaux en surface.

❹ Éparpillez les framboises dans le fond du moule et versez-y la préparation. Lissez et égalisez la surface avec la lame d'un grand couteau et enfournez pour près de 50 minutes. Lorsque vous retirez le gâteau du four, il doit être encore tremblotant au centre. Il se fige après une réfrigération de 2 heures environ. Il est alors temps de le démouler.

VARIANTE

Remplacez les framboises par de la mangue, des fruits de la passion ou des fraises.

TRUC DE PÂTISSIER

Quels que soient les fruits utilisés, préférez toujours les fruits de saison pour un maximum de goût.

Pour 6/8 personnes
Préparation : 30 min
Cuisson : 1 h 10
Réfrigération : 2 h
Difficulté : * *
Coût : bon marché

1 casserole
1 cuillère en bois
2 saladiers
1 fouet
1 batteur électrique
1 moule à manqué
de 23-24 cm

40 cl de lait entier
4 œufs
75 g de beurre demi-sel
100 g de farine
20 g de beurre pour
le moule

Pour le caramel :
150 g de sucre en poudre
1/2 cuil. à café de jus
de citron
10 cl de crème liquide
35 g de beurre salé

GÂTEAU MAGIQUE CARAMEL AU BEURRE SALÉ

❶ Préparez le caramel : versez le sucre et le jus de citron dans une casserole à fond épais. Faites fondre sur feu moyen à doux en mélangeant avec une cuillère en bois jusqu'à ce que le sirop vire à la couleur d'un caramel. Baissez le feu et versez peu à peu la crème liquide en tournant. Hors du feu, intégrez le beurre coupé en morceaux.

❷ Versez le lait dans le caramel, remettez la casserole sur feu moyen et mélangez bien. Préchauffez le four en chaleur traditionnelle à 150 °C (th. 5) et beurrez généreusement le moule. Faites fondre le beurre demi-sel.

❸ Séparez les blancs des jaunes d'œufs. Battez le beurre fondu avec les jaunes, puis intégrez la farine et le lait au caramel. Battez les blancs en neige très ferme, puis mélangez-les délicatement à la pâte à l'aide d'un fouet, sans les « casser ». Comme la pâte est très liquide, une grande partie des blancs va remonter : veillez à ne pas les intégrer complètement dans la préparation, il doit rester des petits grumeaux en surface.

❹ Versez dans le moule. Lissez et égalisez la surface avec la lame d'un grand couteau et enfournez pour près de 55 minutes. Lorsque vous retirez le gâteau du four, il doit être encore tremblotant au centre. Il se fige après une réfrigération de 2 heures environ. Il est alors temps de le démouler.

VARIANTE

Doublez la quantité de caramel et servez le gâteau avec le reste et un peu de crème fouettée.

TRUC DE PÂTISSIER

Utilisez un moule en silicone ou antiadhésif à fond épais. À défaut, chemisez votre moule avec du papier sulfurisé.

INFOS MESURES

	FARINE	SUCRE	LIQUEUR	FÉCULE	VIN / EAU
1 cuil. à café rase 1 teaspoon (tsp)	5 g	6 g	0,5 cl un trait	5 g	0,5 cl
1 cuil. à soupe rase 1 tablespoon (TBSP) / ½ oz	15 g	20 g	1,5 cl	15 g	1,5 cl

MESURES MÉTRIQUES	MESURES IMPÉRIALES
Poids	
30 g	1 once
115 g	1/4 lb
150 g	1/3 lb
225 g	1/2 lb
340 g	3/4 lb
455 g	1 lb
Riz - 210 g	1 tasse
Farine - 115 g	1 tasse
Sucre - 225 g	1 tasse

THERMOSTATS	DEGRÉS CELSIUS	DEGRÉS FAHRENHEIT
th. 1	30 °C	85 °F
th. 2	60 °C	140 °F
th. 3	90 °C	195 °F
th. 4	120 °C	250 °F
th. 5	150 °C	300 °F
th. 6	180 °C	355 °F
th. 7	210 °C	410 °F
th. 8	240 °C	465 °F
th. 9	270 °C	520 °F
th.10	300 °C	570 °F

CAPACITÉS			
1 ml	16 gouttes	150 ml	2/3 de tasse
5 ml	1 cuillère à café	175 ml	3/4 de tasse
15 ml	1 cuillère à soupe	200 ml	4/5 de tasse
50 ml	1/4 de tasse	250 ml	1 tasse
75 ml	1/3 de tasse	500 ml	2 tasses
125 ml	1/2 tasse		

TABLE DES MATIÈRES

Et des fruits !

Gâteaux de fêtes

Gâteaux magiques

INDEX DES RECETTES

CRÉDITS PHOTOS

Photographies de Aline Princet, stylisme de Motoko Okuno : pp. 7, 9, 11, 13, 15, 19, 35, 37, 39, 41, 43, 45, 51, 53, 55, 57, 65, 67, 69, 73, 75, 77, 79, 81, 83, 85, 87, 89, 91, 93, 99, 101, 103, 105.

Photographies de Guillaume Czerw, stylisme de Julie Schwob : pp. 17, 21, 23, 25, 27, 29, 31, 33, 47, 49, 59, 61, 63, 71, 95, 107, 109, 111.

Photographies de Guillaume Czerw, stylisme de Sandra Schumann : pp. 113, 115, 117, 119, 121, 123, 125, 127, 129, 131, 133, 135, 137.

Photographie d'Amélie Roche, stylisme de Manuela Chantepie : p. 95

CRÉDITS TEXTES

Recettes de Florian Margaillan : pp. 6, 8, 10, 12, 14, 18, 34, 36, 38, 40, 42, 44, 50, 52, 54, 56, 64, 66, 68, 72, 74, 76, 78, 80, 82, 84, 86, 88, 90, 92, 98, 100, 102, 104.

Recettes de Julie Schwob : pp. 16, 20, 22, 24, 26, 28, 30, 32, 46, 48, 58, 60, 62, 70, 96, 106, 108, 110.

Recettes de Maya Barakat-Nuq : pp. 112, 114, 116, 118, 120, 122, 124, 126, 128, 130, 132, 134, 136.

Recette de Pascale Weeks : p. 94